**BEST** SELLER

**Elisabeth G. Iborra** (Zaragoza, 1977), se licenció con 23 años en Periodismo por la UPV, en Bilbao, donde comenzó a trabajar en Radio Euskadi y en la sección de política en *El Mundo* del País Vasco. Tras instalarse en Barcelona, empezó a colaborar con el diario *Metro*, escribiendo reportajes y columnas sociales, al tiempo que trabajaba el cierre en *El Mundo* de Cataluña. Desde el año 2000, establecida como *free lance*, ha escrito artículos en todos los ámbitos temáticos para *Metro*, EFE, *El Heraldo de Aragón*, la revista *Calle 20* y, con mayor frecuencia, para Grupo Zeta, tanto en *El Periódico de Catalunya* y en *El Dominical* como en las revistas *Man*, *CNR*, *Primera Línea* y *Woman*. *Anécdotas de enfermeras* es su tercer libro. Antes había publicado *La generación del imposible. Del porqué entablar y mantener relaciones resulta hoy tan complicado* (Espejo de Tinta, 2006) y *Cada día sale el sol* (Styria, 2007).

# ELISABETH G. IBORRA

## Anécdotas de enfermería

DEBOLS!LLO

El papel utilizado para la impresión de este libro ha sido fabricado a partir de madera procedente de bosques y plantaciones gestionadas con los más altos estándares ambientales, garantizando una explotación de los recursos sostenible con el medio ambiente y beneficiosa para las personas. Por este motivo, Greenpeace acredita que este libro cumple los requisitos ambientales y sociales necesarios para ser considerado un libro «amigo de los bosques». El proyecto «Libros amigos de los bosques» promueve la conservación y el uso sostenible de los bosques, en especial de los Bosques Primarios, los últimos bosques vírgenes del planeta.

Papel certificado por el Forest Stewardship Council®

Primera edición con esta presentación: noviembre, 2016





Printed in Spain – Impreso en España

ISBN: 978-84-8346-960-6
Depósito legal: B-11.067-2010

Compuesto en Anglofort, S. A.

Impreso en Novoprint
Sant Andreu de la Barca (Barcelona)

P 8 6 9 6 0 B

Penguin
Random House
Grupo Editorial

# Índice

# PRÓLOGO

Este libro surgió después de escribir un reportaje sobre la fuga de enfermeras españolas hacia países del extranjero en los que están mucho mejor remuneradas y valoradas porque consideran que su nivel de profesionalidad es más alto que el de sus propias enfermeras autóctonas. Las enfermeras entrevistadas me plantearon una serie de problemas que afectaban a toda la profesión en general en cuanto a sus condiciones laborales; pero en la conversación iban surgiendo las funciones y tareas intrínsecas a la enfermería. Y me parecieron tan desconocidas para la mayoría de la población que consideré interesante escribir un libro en el que recogiera las vicisitudes y la idiosincrasia de este oficio vocacional con el que todos, alguna vez en la vida, tenemos contacto.

Las enfermeras se lamentan, por lo general, de que están infravaloradas, de que son ellas las que dan la cara ante los pacientes sirviendo como escudo del resto de los trabajadores del sistema sanitario al tiempo que asumen fuertes cargas y responsabilidades. Porque tienen mucho más trato con el enfermo y los familiares que el médico, que está en el nivel superior, y han de apechugar más que las auxiliares, los celadores y otros empleados del escalafón inferior. Esto lo sufren a costa de su propia salud y precisamente por ello en muchas ocasiones no les queda más consuelo que tirar de su sentido del humor para reírse de sus propias miserias y de situaciones muy duras a las que se enfrentan de forma cotidiana, que las podrían dejar bastante trastocadas emocional y psicológicamente.

Si a su capacidad de tomarse con cierta sorna e ironía su rutina se suma la cantidad de historias que es capaz de protagonizar el ser humano, y más aún en momentos críticos en los que el miedo y la preocupación superan a la lógica y al sentido común, el resultado es una ingente cantidad de anécdotas que forman el imaginario colectivo de la enfermería. Unas hilarantes, otras emotivas y tristes, muchas alucinantes, otras espeluznantes, ciertas escatológicas; algunas con final feliz y otras tantas con ese final que a nadie le agrada y que a las enfermeras les sigue apenando por mucho que estén acostumbradas.

En múltiples casos, los sexuales sobre todo, cabría pensar que se trata de las típicas leyendas urbanas. Basta con seguir leyendo para comprobar que enfermeras y enfermeros de distintas partes de la Península cuentan casos muy similares sin conocerse en absoluto entre sí, reiterándose de manera tan sospechosa que resulta imposible dudar de su veracidad. En sus testimonios queda demostrado una vez más que las personas podemos hacer cualquier cosa, por exagerado que nos parezca desde fuera. Desde luego, todos los enfermeros entrevistados afirman que los pacientes y sus familiares nunca dejarán de sorprenderles, por mucha experiencia que tengan.

E idéntica impresión le quedará al lector. Cuando parece que una historia es insuperable, llega otro profesional y cuenta una anécdota todavía más increíble. Si bien todas son ciertas, pues no hay ni el menor resquicio de duda de la seriedad de cada uno de los enfermeros interpelados.

A pesar de que no pretende ser un libro graciosillo, porque la salud y el trabajo de este colectivo es muy relevante para la sociedad, es inevitable reírse en la mayoría de las entrevistas, sobre todo por el tono de los relatos de las y los protagonistas. Pero, además, se puede aprender mucho de ellos, conocer en profundidad la ayuda que nos pueden procurar y, ante todo, sería deseable que fomentara la empatía de los potenciales pacientes, para que la próxima vez que se encuentren en una consulta comprendan mejor la labor de la enfermera que les atiende.

Por último, he de agradecer la colaboración, el tiempo y el esfuerzo de todos los consultados, y aclarar de nuevo que ellos no se ríen de los enfermos sino que intentan tomárselo todo un poco a la ligera para quitarle hierro a las tensiones que se les acumulan cada día, porque si no se volverían locos y pasarían a ser ellos los pacientes. Por eso conservan el anonimato de los enfermos y evitan dar detalles por los que sean reconocibles.

# 1
# MADRID

***A. R.***

*Lleva ejerciendo su profesión 24 de sus 50 años y es jefa de enfermería de un centro de salud de la Comunidad de Madrid.*

A mí me gustaría que se escribiera sobre la labor de la enfermería, porque la enfermera de hospital es muy conocida pero a la de atención primaria se le quita toda la importancia, los pacientes conocen muy poco nuestras funciones, muy relevantes en cuanto a prevención y curación. Les pregunto a mis enfermos para qué creen que sirvo y me responden que para ponerles un inyectable, o vacunas, o para curar heridas o hacer extracciones. Sin embargo, yo les informo de que les puedo ayudar si les preocupa cualquier tipo de problemas de pareja, o están pasando un duelo, o quieren dejar de fumar. De normal, puedo ocuparme de estos problemas y, si no encuentro la solución, puedo orientarles y dirigirles hacia el profesional adecuado. De mis sondeos, sólo un paciente me dijo que los enfermeros de primaria le ofrecíamos más confianza para contar sus problemas porque somos las personas más cercanas, y me sorprendió mucho.

Ésta es una profesión apasionante pero desconocida. Yo siempre he luchado mucho por defenderla pero, no sé por qué, creo que no se quiere potenciar tanto como el estamento médico, donde no paran de crearse puestos de trabajo a pesar de resultar mucho más caros.

En nuestras consultas de enfermería veo más problemas del alma que de salud, aquí quizás tenemos más tiempo para escucharles y sacamos mucha información, nos damos cuenta de que hay mucho dolor en el alma por los hijos, por un fracaso matrimonial, por su familia… y todo eso se somatiza. Muchas veces he pensado que ahora nos cuentan lo que antes le contaban a los curas.

Vallecas siempre ha tenido fama de ser una zona marginal. Siempre he trabajado aquí y es una población muy reivindicativa, pide mucho… pero es gente estupenda, hay más mito que otra cosa. Es curioso porque es más bien un matriarcado: la mujer tiene mucho poder, manda mucho. Y acuden con frecuencia al ambulatorio, son muy demandantes porque les hemos incitado a venir por cualquier minucia. Si el niño se cae y se hace un rasguño, no lo cura la madre con agua, jabón y desinfectante, sino que viene a que le curemos aquí. Creo que eso es generalizado en todos sitios: no se asume ninguna responsabilidad y se acude al médico por si acaso, lo cual a veces nos desborda cuando te viene un enfermo más urgente y no das abasto con tantos casos intranscendentes.

Tenemos, por supuesto, un sector gitano en el que hay de todo, desde el que se quiere integrar hasta el que te roba los cuadros de las paredes, que aún tenemos las marcas del hueco dejado, o el papel de secarse las manos del baño o la escobilla. A una compañera mía le entró a la consulta una chiquita que venía a hacerse un electro y le dijo:

—Mira, voy a salir un momentito, vigílame el chiringuito que aquí hay mucho gitano y no vayan a entrar a robar algo.

—Es que yo soy gitana…

—Ay, maja, lo siento…

—No, si me pasa muchas veces porque no se me nota, y yo comprendo que dentro de mi raza, como de la tuya, hay personas de una manera y de otra.

Lo aceptó como algo normal, pero es que de verdad que en muchas ocasiones sales un momento, dejas la sala abierta y cuando vuelves, algo te ha desaparecido. Hay que cerrar todo con llave.

También tuvimos a un gitano con una infección horrorosa en la pierna porque tenía muchas úlceras y le aconsejábamos venir a curarse todos los días pero no había manera de convencerlo, con lo cual, cuando acudía, le salían hasta gusanos de la herida y nosotros allá con las batas blancas, los guantes, el desinfectante intentando matar todas esas larvas. Echaba un olor tremendo porque, al fin y al cabo, lo que tenía ahí era tejido necrótico y el gusano ocasionaba la descomposición del organismo.

Una vez entró a la consulta una señora que acababa de estar en el baño y volvía con la falda levantada por la cintura, con el papel higiénico sucio de caca colgando agarrado de la braga. Pero eso no era más que un despiste, resulta mucho peor cuando te vienen sucios, como un señor que cuando se levantó el jersey no se le veía ni el ombligo, de la cantidad de restos epiteliales que se van acumulando ahí por las secreciones y la descamación de la piel junto con la suciedad, la grasa y el sudor; le salían pelotillas y el olor era insoportable.

En las visitas a domicilio vivimos un caso también muy desagradable de una señora que padecía cáncer de colón y tuvo un crecimiento externo que llegó a convertirse en una especie de coliflor entera saliendo hacia fuera del abdomen. Sorprendentemente, gastaba un apetito atroz, yo no lo podía comprender, con el hedor que aquello impregnaba por toda la casa. Lo positivo fue que tardó más en afectarle al resto de los órganos, por lo que duró bastante tiempo, pero la verdad es que esa cura era para nosotros tan traumática que los compañeros nos turnábamos cada día uno en lugar de ir siempre el enfermero al que le venía asignada en su cupo.

Igual nos encontramos con chicas que utilizan la píldora del día después como anticonceptivo habitual. Lo sabemos porque la primera vez dicen que se les ha roto el preservativo, pero luego ves que vienen a pedirla una y otra vez.

Los que vienen a solicitar una dieta también son divertidos porque pretenden que les des una pastillita que les adelgace, no quieren hacer el esfuerzo ni reconocen que comen demasiado y mal. Muchos te dicen que comen muy poco, pero es que se lo comen todo en una sola comida. Además, se justifican:

—Uf, es que con el hambre que hemos pasado, ahora que tenemos para comer no vamos a hacer dieta.

La gente está cada vez más informada y cada vez hace menos burradas, sobre todo la gente joven que no es tan inculta como para pedirte, como antes, cita para el ginecólogo, o comerse un supositorio en vez de ponérselo por vía anal… Sí que algunas le llaman todavía conchita al pubis de sus hijas, y en vez de «es que esputo» te dicen «es que arrojo…», o «cuando hago mis necesidades, con perdón», o le cambian el nombre a los medicamentos…

En efecto, según la agencia Reuters, investigadores de la Escuela de Medicina Feinberg de la Northwestern University, en Chicago, concluyeron en un estudio que «cerca del 40% de los 119 pacientes que tomaban medicación para la presión en tres centros comunitarios de salud no pudieron recordar con precisión qué fármacos estaban consumiendo». Una cifra que aumentó al «60% entre aquellos con alfabetización sanitaria baja, que es la medida de su capacidad de leer y comprender materias relacionadas con la salud». Inclusive un tercio de los pacientes con alfabetización sanitaria adecuada era incapaz de nombrar con exactitud los medicamentos que consumía.

Esto supone un problema dado que «muchos médicos confían en los pacientes para hacer un recuento preciso de qué medicamentos están tomando», pero como no lo saben, el error «podría generar interacciones medicamentosas y malos tratamientos para las enfermedades crónicas», a juicio del doctor Stephen Persell, que cree que «una de las soluciones para eludir los errores farmacológicos es que los pacientes lleven la medicación a la consulta con el doctor». Asimismo, el autor del estudio recomendó «incentivar a los laboratorios a que simplifiquen los nombres de los medicamentos una vez que se vuelven genéricos» pues, actualmente, éstos «se comercializan por su nombre químico, que muchas veces es impronunciable para el paciente medio».

***E. G. D.***

*De sus 43 años, ha estado 19 trabajando en varios centros de salud madrileños y ahora ejerce en un centro especializado en endocrinología, en diabetes.*

En Vallecas te encuentras con unas características socioculturales especiales pero la verdad es que hay gente con un carisma y unos valores fantásticos y otra que no tiene valores, como en todos sitios.

En general, eres el puente entre el médico y el paciente, por confianza, porque te conocen más, te cuentan más cosas —como que el marido la está envenenando— y tú les tienes que aconsejar qué les convendría hacer. La relación se estrecha hasta el punto de que te los encuentras por la calle y te piden consejo, te consultan lo que les ha pasado y les resuelves problemas sin necesidad de acudir al centro de salud. Es que a muchos los conozco desde niños, cuando les ponía las vacunas, y luego voy por la calle, me saludan y no los reconozco, de lo crecidos que están, y ellos me recuerdan que los vacuné hace no sé cuántos años. Algunos pacientes tienen incluso detalles con nosotras, por ejemplo, es paradójico, pero los diabéticos te regalan bombones a pesar de que ellos no pueden comerlos.

Recuerdo que en los noventa, cuando había más reticencias a la vacuna de la gripe, les tenía que encandilar para que se dejaran vacunar, porque por más que les explicaba que era bueno para su salud, que les mejoraría la calidad de vida, y demás, no había manera de convencerlos. Así que les decía a los abuelos que la vacuna rejuvenecía cinco años, y una me dijo: «Ah, pues si rejuvenece, a mí póngame dos».

En cambio, hoy en día, la temporada de vacunación es muy difícil porque la gente mayor se quiere vacunar toda de golpe, siempre quieren ser los primeros, te piden todos a la misma hora... Cuando entro en la sala y veo todo el follón, les advierto que si no se ponen en fila, no se vacuna nadie. Y cuando vuelvo están todos en fila como niños, tan graciosos...

Con los mayores tenemos mucho trato, porque hay algunos que no tienen nada que hacer, vienen a por la receta, otro día a otra cosa, otro día a consultar no sé qué...

—Pero ¿qué hace que viene todos los días? —les pregunto yo. Y me responden:

—Bueno, porque vengo, hablo cinco minutos, y ya me da un poco de alegría.

Eso por no hablar de quien quiere que vayas todos los días a curarle a casa porque está solito. Y no puede ser, se tiene que buscar otros recursos. Pero es que son muy tiernos: luego viene el abuelito que te quiere dejar la herencia porque te has portado muy bien con él y se te cae el alma a los pies. A veces les tienes que ayudar a morir, tienes que estar ahí... Por cierto, la primera vez que trabajé en un hospital se me murieron cuatro en una noche y me cuestioné: «¿Para qué quiero ser enfermera, con lo bien que estoy yo en mi casa con mi padre y mi madre?». Aunque en veinte años también he vivido momentos muy agradables. Algunas meteduras de gamba, como una vez que había tanto lío que en lugar de quitarle unos tapones de cera a un paciente le hice un electro. Y otros un tanto conflictivos: recuerdo que uno me sacó una pistola en la consulta. El pobre sufría un trastorno de personalidad y problemas mentales importantes, de hecho, otras veces me trae cuadros pintados...

Necesitas tablas para controlar situaciones de este tipo, como cuando nos encontramos con dos *drogatas* pegándose, llamamos a la Policía y les metieron a los dos en la misma habitación, con lo cual se siguieron pegando y tuvimos que sugerirles a los agentes que igual mejor separarlos en distintas estancias. También he escuchado a la madre de un *drogata* confesarme que lo siente mucho pero que ella va a las Barranquillas a buscarle las drogas porque al menos lo tiene controlado. Sin duda, los peores momentos los viví en el atentado del 11-M: estuve trabajando en El Pozo, curando a los heridos, y fue una situación muy dura, pasé mucho miedo. Luego la gente nos felicitaba, porque nos había visto en la tele.

Y no ha sido la única ocasión, pero ésta mucho más feliz. Estaba trabajando con un médico y siempre nos llamaban ante cualquier urgencia porque yo nunca me niego a hacer nada. Un celador me avisó de que una mujer había roto aguas y, efectivamente, se tumba en la camilla y cuando nos dimos cuenta el niño ya había sacado la cabeza. Llamamos a la ambulancia, que llegó enseguida pero se estropeó, no había manera humana de encontrar ningún ginecólogo... Así que la asistimos en el parto y cuando la mujer salió al pasillo todo el mundo empezó a aplaudir. En definitiva, yo creo que si estás abierto, te pasan muchas más historias.

### *D. J. V.*

*Este enfermero madrileño lleva años trabajando en un centro de salud de un municipio de Madrid, pero se puede decir que es un activo defensor de la enfermería psicosocial porque está implicado en la Federación de Asociaciones de Enfermería Comunitaria y Atención Primaria, de cuya revista es redactor jefe y escribe textos basándose en la experiencia acumulada en su día a día que, a su vez, servirán de teoría a muchos profesionales.*

Teniendo en cuenta las funciones de los enfermeros, que somos cuidadores, educadores, técnicos, asistentes, etcétera, en el ámbito educativo a mí me pasan muchas cosas curiosas. Por ejemplo, contamos con unas técnicas de investigación en el aula con niños que consisten en diseñar un programa educativo. Yo pido:

—Quiero que me metáis en un cajón todo lo que queráis saber sobre sexualidad.

Y cuando se desinhiben, en el anonimato, te cuestionan cosas de todo tipo: si se pueden quedar embarazadas por hacerlo sólo una vez, qué pasa si un chico se masturba veinte veces en un día… Nosotros lo hacemos así para que se familiaricen y los padres se quejan de que son muy pequeños, pero cuando ves lo que les pasa por la cabeza te das cuenta de que no lo son tanto.

Claro que los adultos a veces parecen más inocentes todavía, como una mujer que no sabía cómo se había quedado embarazada.

—¿Ha tenido relaciones? —le pregunté.

—No lo sé —respondió ella—. Hombre, la otra noche, como éramos muchos, quizá… No sé.

Al parecer vivían varios inmigrantes en la misma casa y dormían en la misma habitación.

Con la sexualidad la gente tiene muchos tabúes, sobre todo vamos viendo cómo los homosexuales recorren el proceso de sexuación, cómo pasan por el proceso físico-químico que da la explicación científica de cómo esa persona ha llegado a tener esa orientación sexual; la sexualidad, que es la forma de vivirla; la erótica, que es la forma de expresarla; y la amatoria, que es la forma de cultivar las relaciones. Les tienes que explicar que eso es un proceso natural y cómo vivirlo con los demás.

La gente mayor consulta mucho sobre sexualidad pero desconoce el modo de comunicárselo a su pareja. Normalmente, la población tiene muchos prejuicios y debemos mostrarles que se han metido en un cajón con su pareja pero que en realidad la forma de vivir la sexualidad es múltiple y hay muchos otros cajones. Venimos de una situación en la que había dos cajones: el matrimonio y el celibato. Sin embargo ahora se dan cuenta de que existen muchos más, que se puede ser muy liberal, u homosexual, o estar viudo o divorciado y después volver a casarse... Hoy en día, en las conversaciones diarias, cuando trabajamos con los once patrones básicos de la enfermería, nos damos cuenta de que la manera de vivir la sexualidad está condicionada por la experiencia social y que la gente no se encuentra libre en ese aspecto. Entonces nosotros les ayudamos a descubrir cuál es su forma de ser, qué es lo que quieren y qué es lo que sienten, y cómo les apetece vivir las cosas, para que después lo puedan transmitir correctamente a su pareja. Lo que ocurre es que cuando la gente se empareja no habla y da por hechos unos valores como son familia, fidelidad, respeto, valoración, tareas domésticas, aficiones, cultura... Pero en cuanto les pedimos que los pongan en una escala, no todo el mundo le da la misma importancia a la fidelidad, a la colaboración en las tareas domésticas, etcétera: es preciso retomar esos diálogos a todos los niveles.

Los enfermeros intentamos analizar eso que coacciona a los pacientes, pero no desde el punto de vista del psicoanálisis —que ya está un poco trasnochado en el sentido de que por analizar tus experiencias traumáticas y del pasado no vas a llegar a ningún lado, ni tampoco por empeñarte en cambiar las debilidades, dado que la mayoría nos vamos a morir con las mismas—, sino por medio de cultivar las fortalezas y todo lo que tenemos en el interior. Lo malo es que habitualmente ese proceso que no ha ocurrido antes hace que la gente viva una especie de hipocresía, que se manifiesta en una tremenda falta de comunicación y en no expresar lo que quieres hacer con tu vida.

Otro aspecto muy interesante de la enfermería para los que nos gusta la promoción de la salud es la confianza en que tu mensaje pueda cambiar el rumbo de la vida de adolescentes, parejas o personas mayores que se encuentran en una situación de infelicidad, la cual a su vez suele conllevar un trasfondo psicosomático. El enfermero más o menos sabe anticipar por dónde puede ir el problema de cada paciente, a juzgar por el tipo de vida que éste tiene, la relación con su familia, los hábitos que lleva y demás. Por ejemplo, últimamente estamos tratando la violencia de pareja hacia la mujer, estableciendo cómo se llega a ese punto en que una persona atrapada por completo en un entorno enfermizo es capaz de dar unos pasos para salir de él y generar esos cambios que necesita. Existen unos modelos de trabajo en los que nos basamos, empezando por la entrevista motivacional y la escucha reflexiva, que son muy buenos para que cada uno sepa movilizar sus recursos internos encaminados a iniciar ese cambio de brújula que al final te va a llevar a un destino mucho menos fatalista de lo que era de prever.

Sé de mujeres que han rehecho su vida después de dejar a un maltratador, se han ido a vivir solas en su propio piso y, ahora, son mujeres autónomas completamente felices; entre ellas, una chica asiática que se casó con un español y tuvo dos hijos: pasó de la indefensión aprendida a sentir que tomaba las riendas de su vida. También tengo una paciente que se quedó tetrapléjica con 21 años y tiene dos hijos con síndrome de West —perteneciente al grupo de encefalopatías epilépticas catastróficas—, a la que buscamos un trabajo de maquetista y diseñadora en la revista que hacemos del Consejo de Salud. A raíz de trabajar con ella, y teniendo en cuenta que está demostrado que es lo normal a partir de los dos años con este tipo de terapia, ha alcanzado el nivel de felicidad que puede sentir cualquier persona sin tetraplejia, sigue su vida diaria…

Vienen muchos adolescentes con los que trabajamos la inteligencia emocional, para que sean autónomos y sepan responder a la presión de grupo; también niños que las madres te traen exagerando, convencidas de que o bien tiene en casa un futuro premio Nobel, o bien un delincuente, y una vez determinas que es un chaval normal para su edad tienes que trabajar con ellos para que asuman un grado de madurez normal con una serie de dinámicas, con las disciplinas adecuadas para que cada uno se pueda reeducar en su propio destino. Y lo bonito es que vas viendo que un niño que había perdido un montón de cursos de repente los va recuperando porque se les ilumina la luz.

También tengo casos documentados de personas muy obesas que consiguen perder veinte kilos, y de deshabituación tabáquica o de cualquier tipo de droga, que generalmente responden a un perfil con un factor de vulnerabilidad interno, un problema de autoestima o similares estancado porque nadie ha trabajado con ellas. De hecho, si se someten a un tratamiento de sustitutivos de nicotina o de metadona pero no se soluciona el factor por el que se han enganchado a esa sustancia adictiva, recaerán. Al final, la mayoría de las conductas adictivas se deben a miedos: a ser, a no tener, a que no te quieran, a hacer algo mal… Y cuando consigues superar ese tipo de vulnerabilidad, es mucho menor la probabilidad de recaer en las adicciones. Luego, de entre éstas, unas están más aceptadas que otras. Por ejemplo, el perfeccionismo que lleva a la adicción al trabajo no se ve tan grave como la drogadicción, la ludopatía o el alcoholismo, pero todas tienen la misma base psicológica. Las drogas pueden matar a sesenta mil personas al año en España, mientras que la obesidad puede matar a doscientas cincuenta mil y, sin embargo, no crea tanta alarma social. La adicción a la comida goza de mejor aceptación social, si bien no deja de ser un trastorno compulsivo que el enfermo no puede controlar por sí mismo.

La mayoría de los enfermeros estamos trabajando en ese sentido: no tratamos de establecer una dieta ni recomendamos determinado ejercicio físico, sino que les enseñamos a adoptar actitudes saludables y preventivas, a tomar las riendas de su vida. Para ello, acabamos recurriendo a las mismas técnicas de la medicina tradicional, apoyadas con métodos más modernos para que la gente tome conciencia de su problema real, para que sepa qué es lo que causa esa úlcera que padece, o una lumbalgia, o una hernia, en lugar de tratarlo simplemente con medicamentos. Debe conocer qué factores patológicos se encuentran tras su forma de comportarse, qué se esconde detrás de su perfeccionismo, de su indefensión aprendida, de su pasividad ante ciertos hechos...

Hay que entender la enfermería como una ciencia ecléctica, lo que quiere decir que absorbemos constantemente conocimientos de la mayoría de las disciplinas posibles: Psicología, Filosofía, Biología, Nutrición, Pedagogía, Ética, Humanismo...

El otro día hice una revisión a un niño de 15 días y a las pocas horas le estaba poniendo morfina en una palomilla subcutánea a un señor que se acabó muriendo a las doce de la noche. Eso requiere aportar mucho humanismo al sistema sanitario. Se trata de entender que la mayoría de los efectos terapéuticos no se deben a la técnica terapéutica en sí, sino a que todo lo que le hacemos al paciente tiene un efecto placebo, a la relación que tienes con el paciente, a cómo socializa con su entorno y genera habilidades sociales para vivir en armonía y ser capaz de crear un entorno favorable.

Desde el punto de vista de lo que los enfermeros podemos aportar en atención primaria, habitualmente hemos trabajado un modelo de resolver la demanda al menor coste posible administrando los medicamentos pertinentes en cada caso, conforme al esquema biomédico. En cambio, ahora estamos trabajando más según el esquema biopsicosocial. Cada centro estará en su punto entre ambos esquemas, pero en el Consejo de Salud seguimos la *Guía de capacitación de promoción de la salud* y otro libro sobre cómo iniciar un proceso de iniciación comunitaria, que orienta sobre el modo de trabajar con la comunidad, en lugar de con el individuo, para crear un entorno social saludable. Creo que ése es el reto social hoy en día.

Para que se entienda por qué, pondré un ejemplo: teníamos un paciente psiquiátrico que estaba convencido de que era una gallina. Y todo el mundo a su alrededor le alimentaba la idea siguiéndole la bola, con bromas del tipo: «Venga, te vamos a dar pienso». Vamos, que sufría la típica estigmatización del paciente psicológico. Pero se curó, se convenció de que no era una gallina, se le pasó la paranoia; sin embargo, la gente por la calle le seguía diciendo: «José, va, ¿quieres un poco de trigo?». O sea, que podemos trabajar mucho en el cambio de las personas, pero si no somos capaces de interactuar en los círculos en los que se mueven, seguirán viviendo un ambiente hostil, porque no te perjudica alguien que vive en Australia, sino tu compañero de trabajo, un familiar...

Es por ello que resulta muy interesante trabajar en grupos, aprovechando la catarsis que se genera al hablar de cosas que, inmersos en la hipocresía cotidiana, no se atreven a decir pero que allí, en la intimidad del grupo, surgen porque saben que todo el mundo les respeta, que no se hacen juicios de valor o que se comparten los mismos miedos. Por ejemplo, un enfermo le dice al otro: «Yo soy muy perfeccionista». Y el otro le responde: «Pues en el curso precisamente nos han dicho que los perfeccionistas tenemos mucho miedo a no valer, que no aceptamos nuestras debilidades ni sabemos cultivar nuestros potenciales y que al final eso nos causa problemas y estrés». El estrés, aunque no se crea, es tres veces más importante que el tabaquismo como generador de enfermedades cardiovasculares. Y hace falta un cambio de vida radical para superarlo o se seguirá en la misma dinámica.

El cambio es posible, de hecho, asistí al de un hombre que era directivo de un banco, cobraba mucho dinero y estaba muy bien situado pero estalló por estrés y sufrió una angina de pecho. Cuando me preguntó qué se lo había causado y le aseguré que el estrés es un factor más determinante que el tabaquismo o el colesterol tanto en episodios cardiovasculares como en otras enfermedades, y que sólo tenía dos alternativas, a saber, medicarse de por vida o cambiar de hábitos, dejó el banco y se puso su tiendecita, porque lo que le hacía verdadera ilusión era abrir un negocio de material de artes plásticas, manualidades, etcétera, para poder tratar con gente del mundo del arte.

En general, hay dos tipos de personas entre las que sufren episodios muy traumáticos, como infartos o accidentes de coche: la que hace florecer y exagera los miedos —a la muerte, a no vivir...—, que tiende a la aprensión; y la que de repente hace un cambio radical en sus valores. Por mi experiencia, las posibilidades de supervivencia dependen más de la capacidad para enfrentarte a esos miedos y de cambiar esos valores. Es decir, no vas a vivir mejor por ser más perfeccionista en un intento de superar el miedo a no valer, que precisamente es lo que te ha hecho enfermar, ni por ser más acaparador y dedicar más tiempo al trabajo, convirtiéndote casi en un adicto a él; sino replanteándote el cultivo de las relaciones sociales, dedicándote a actividades que te resulten más satisfactorias...

Al final, se trata de encontrar un sentido a tu existencia, saber qué es lo que te merece la pena: estar constantemente luchando con tus miedos y sentirte frustrado por no hacer lo que deseas, o reconocer que los miedos están ahí pero ser valiente para vivir el tipo de vida que te gusta. Eso te da una sensación de tener el control sobre tu vida, y te da más seguridad en ti mismo.

No puedes luchar contra tus miedos refugiándote en el placer. Por ejemplo, el placer de comer, si es incontrolado, te va a llevar únicamente a una obesidad que te causará con el tiempo una artrosis y un montón de patologías que te harán tremendamente infeliz. La gente que cree que la felicidad está en el placer yerra. Los hedonistas puros que buscan satisfacción a través de las relaciones sexuales y están continuamente cambiando de pareja y exponiéndose a factores de riesgo al final se dan cuenta de que siguen con la misma insatisfacción en su vida y de que la promiscuidad es tan sólo una forma de llenar sus vacíos y de enfrentarse a sus miedos. En este caso les afecta una falta de autoestima, pretenden encontrar a alguien que les dé valor porque así se autoafirman en su capacidad de seducción. Mientras que si trabajas con ellos la sexualidad, la erótica, el diálogo, pueden mejorar: una mujer me reconoció que había tenido relaciones sexuales con unas veinte personas y siempre había sido igual, pero después había podido descubrir que podía tener treinta relaciones distintas con la misma pareja.

Merece la pena intentar aumentar esa falta de creatividad, habida cuenta de que la gente se mete en un cajón, pero existen muchos más posibles. Por ejemplo, una chica me decía que su novio le había confesado cuando la conoció: «Mira, me gustas tú, pero me gustan todas». Yo le hice valorar que al menos es sincero, que podría encontrarse con otro que no se lo dijera y se fuera con otras de todas maneras. Y que en ella estaba aceptar ese tipo de relación o no, porque hay infinitas posibilidades, todo está en hablarlo.

En el fondo, en muchas consultas de enfermería abordamos la bioética, que es muy amplia. Va desde la ética de la naturaleza de Santo Tomás de Aquino, que aboga por que «lo ético es aquello que se hace de acuerdo con la naturaleza»; la ética utilitarista de Stuart Mill —«Yo hago lo que me es placentero y útil»—, que es la de los obesos o la de los que llevan el libertinaje por bandera; e incluso la ética un poco ambigua de Kant —«Haz lo que sea considerado universalmente moral»—. Nosotros apostamos por la de Habermas que afirma que es ético aquello que se mueve dentro de un diálogo razonado y bajo un Estado de Derecho y en consideración de los Derechos Humanos y de no perjudicar a los intereses de los otros.

Es decir, dentro de una pareja, una familia o un grupo que dialoga y llega a un acuerdo bajo esos preceptos, nadie ajeno puede dictar qué es correcto o no. Yo, como enfermero, sólo puedo comentar lo que está demostrado científica y biológicamente. Cuando me vino a consultar un chico homosexual al que su familia le decía que eso era pecado, yo le expliqué:

—Ahora está demostrado que hay unos determinantes hormonales, porque la orientación sexual está determinada por hormonas, por genética... Las cosas en la vida no son ni normales ni anormales, sino más o menos frecuentes, por tanto, tu conducta es quizá menos frecuente pero es natural porque tu naturaleza te ha condicionado así.

Quizá lo más difícil sea lidiar con el patrón religioso con el que vienen, que causa algunos conflictos en la consulta.

Por lo general, trabajamos con planes de cuidados, y lo más importante es transmitir a la gente que los enfermeros hacemos algo más que curas, técnicas, seguimiento de niños sanos... No obstante, el perfil psicosocial es del todo desconocido, y tenemos además una cartera de servicios que incluye todos aquellos que cada centro ofrece a la población según su programa. Desde planificación familiar, hasta la obesidad, pasando por revisiones y vacunación, asesoría nutricional y de ejercicio físico, etcétera. Nosotros podemos trabajar el autoconcepto, la autoestima, trabajar un duelo después de la muerte o las somatizaciones, los malos tratos...

Cuando una persona acude a la consulta, trabajamos con un modelo de enfermería que trata de abordar de forma científica todos estos problemas. Seguimos un proceso de atención, una valoración inicial por patrones, abordando los temas menos espinosos (la percepción de la salud, la nutrición, el peso, la tensión...) y otros más peliagudos como el autoconcepto o la sexualidad, logrando que la gente entienda la salud como un todo. Cuando la persona quiere que le ayudemos no es porque se lo digamos ni queramos darle lecciones de lo que tiene que hacer en plan paternalista, sino porque ella toma conciencia de que tiene un problema y de que sus recursos son insuficientes para resolverlo. Es entonces cuando la enfermera adquiere una justificación de intervención y puede hacer un diagnóstico de enfermería con el cual empezar a tirar del hilo con el paciente en sus déficits.

# 2
# CATALUÑA

***F. C.***

*Tiene 52 años, lleva 35 años trabajando en la sanidad pública catalana y explica a la perfección las vicisitudes y las prácticas cotidianas de la profesión de enfermería, además de relatar anécdotas escalofriantes con las que se encuentra a menudo.*

Hace unos años las enfermeras estábamos en especialidades como reinas, éramos como secretarias del médico y, en cambio, ahora somos más autónomas, formamos equipos independientes pero no somos ayudantes del doctor, y tocamos todos los ámbitos imaginables. Lo malo es que esta parte, que es la más vocacional, me ha pillado demasiado grande, porque son las tareas reales de enfermería, tienes criterio propio... aunque estamos mucho más estresadas. Yo estoy en el área básica y la gente cree que no, pero trabajamos mucho. Las valoraciones sobre el enfermo las hacemos en función de catorce necesidades básicas:

1. Respirar con normalidad.
2. Comer y beber adecuadamente.

3. Eliminar los desechos del organismo.
4. Movimiento y mantenimiento de una postura adecuada.
5. Descansar y dormir.
6. Seleccionar la vestimenta adecuada.
7. Mantener la temperatura corporal.
8. Mantener la higiene corporal.
9. Evitar los peligros del entorno.
10. Comunicarse con otros, expresar emociones, necesidades, miedos u opiniones.
11. Ejercer culto a Dios, acorde con la religión.
12. Trabajar de forma que te permita sentirte realizado.
13. Participar en todas las formas de recreación y ocio.
14. Estudiar, descubrir o satisfacer la curiosidad que conduce a un desarrollo normal de la salud.

Dependiendo de cuántas necesidades le quedan descubiertas al enfermo, nos creamos unos objetivos y unas intervenciones para cumplirlos, en una fecha que acabarás consiguiendo o no. Con la intención de cubrir estas necesidades, por las mañanas realizamos visita domiciliaria y medicina preventiva para la gente que no se puede desplazar a hacerse extracciones de sangre o a la consulta en ambulatorio, sobre todo a enfermos crónicos; a mediodía volvemos a hacer visita domiciliaria a heridos o enfermos terminales. Es muy duro, y hacemos muchas horas.

Cuando vamos por primera vez hemos de realizar una valoración de la situación, y podemos estar hora y media o dos porque has de mirar el colchón de arriba abajo, las condiciones en las que viven, qué tipo de calefacción poseen, si padecen impedimentos físicos para deambular por el piso, su deterioro cognitivo, si les funciona bien la cabeza, si están depresivos les hacemos gestos específicos... Yo cada mañana trabajo una hora más para poner al día estas evaluaciones, pero lo cierto es que también hay compañeras que, en lugar de hacer todo el trabajo de analizar punto por punto, se lo inventan. Han llegado a poner que un hombre caminaba sin problemas y cuando he ido yo al cabo del tiempo he comprobado que era mentira, que llevaba años inválido. Y eso no puede ser porque están jugando con la salud de las personas.

Específicamente, tratamos gente mayor, de 60 en adelante, que está muy sola y vive en casas que jamás te imaginarías que existieran, no hace falta viajar a la India porque aquí, en cualquier barrio al lado de tu casa, hay dramas terribles. Los sábados, cuando toca guardia, vamos a los domicilios y a veces te dicen: «Ya me he curado la herida, sólo quiero que me escuche un rato», y te sientas a escuchar porque nadie lo hace, ni siquiera aunque tengan muchos hijos; algunos pasan un montón y sólo los buscan cuando se mueren para repartirse el piso. Restan muchas cosas por hacer para solucionar la situación de estos abuelos, hay personas que tienen bastante tiempo libre y podrían dedicarse a hacerles compañía, y los gobiernos deberían intervenir en casos como los de los ancianos que están bien pero no pueden salir de casa porque no hay ascensor, y eso les aboca a quedarse enclaustrados en vida.

Me he encontrado de todo: casas en las que están todos muy tocados del ala, casas en las que pasan del enfermo y quieren que acudas tú a cuidarlo cada día, sin tener en consideración que yo atiendo otros cuarenta domicilios y si fuera a diario a los cuarenta no podría hacer nada más... Has de enseñar a los familiares a cuidar a sus enfermos, pero algunos se niegan. En las visitas a domicilio tenemos que controlarles mucho la medicación, porque abres el armario de las medicinas y aquello es un almacén como si estuviéramos en guerra: medicamentos ya caducados, de todo, tienen necesidad de que no les falte de nada a la hora de automedicarse. También hay enfermos diabéticos, pongamos por caso, que necesitan la insulina y se niegan a inyectarse, con lo que tenemos que ir dos veces al día a ponérsela, incluso los sábados. Hay gente muy especial, porque una cosa es que el enfermo te venga a consulta, que estás en tu terreno, y otra muy diferente es ir a su casa, pues es su reino, su territorio y te lo demuestran porque te indican claramente que allí se hace lo que ellos quieren, y te has de adaptar y tener mucha mano izquierda. Por lo general la gente es agradecida, salvo excepciones. Recuerdo que al principio de hacer la visita, los pobres alucinaban porque íbamos cada semana o cada quince días, lo que necesitara cada enfermo, y no se lo creían. Nos preguntaban: «¿Volverán el mes que viene?». Y les encanta cuando llega el calor que les expliquemos lo que han de hacer para protegerse, o para el invierno las vacunas contra la gripe...

Cuando se trata de situaciones muy graves has de hablar con la asistente social, que tiene unos límites porque si están en condiciones infrahumanas, de limpieza y salud preocupantes necesitan recurrir a otros servicios. Encontré una abuelita que vivía con un hijo que estaba un poco sonado en una casa que era inimaginable, con el colchón en el suelo, llena de perros, de tal manera que te arrodillabas para hacer la extracción de sangre y te manchabas y veías que era pipí de perro. Y el hijo argumentaba que el perro meaba donde quería, como en la calle. Ibas a otro sitio y había, cómo no, caca de perro. Un desastre.

En las residencias geriátricas es también terrible, están muy limitadas las plazas, falta una infraestructura bestial para la gran cantidad de abuelos que hoy en día viven hasta los 90 ó 100 años, y ves que en Barcelona, en el siglo XXI, con todo el consumismo y el tecnicismo reinante, hay la tira de ancianos viviendo en condiciones indignas. Te vas a casa y reconoces que vives en un palacio, incluso te sientes medio culpable. La gente no sabe nada de esto, yo tampoco lo sabía antes de empezar a trabajar en ello y, sin embargo, es el pan de cada día. A eso se añade el problema de que vivo en el barrio en el que trabajo, con lo cual me encuentro a los enfermos que atiendo a diario mientras compro en el súper, tomando un café... y están mañana y tarde consultándome, alguno me quiere enseñar la herida y se lo impido: «No, hombre, no, que estamos en el supermercado, eso mañana en la consulta». O me preguntan por qué hago tres días de vacaciones o cuándo volveré. Es un poco agobiante, pero no puedo dejar el trabajo ni cambiar el piso. Estoy metida en ese mundo de lleno y ahora no me afecta ya tanto desde un punto de vista sentimental, pero al principio esas maneras tan bestias de vivir en una habitación llena de mierda me impresionaban muchísimo. Después llega un momento en el que te acostumbras, pero si no sientes nada, te conviertes en inhumano, con lo que lo fundamental es sentir pero no llevarte los problemas a casa como hacía yo.

El año pasado atendimos a un viejito al que sus hijos no querían, ni siquiera las dos que vivían en el piso de arriba, que no se preocupaban por cuidarlo a pesar de que era diabético e hipertenso, entre otras dolencias. Reuní a la familia para que se implicaran en sus cuidados pero todos dijeron que pasaban y que no les interesaba. Le daba la medicación en la consulta cada día, hasta que llegó una mañana en que la cuidadora entró en su casa, se lo encontró muerto en la cocina y resultó que llevaba allá dos días sin que nadie se enterara. Tuve que ir, arrastrarlo hasta la habitación como si fuera una grúa, mientras las hijas estaban allí como un pasmarote avergonzadas por no haberse dado cuenta de que su padre se había muerto. Decían que olía a pipí, y yo les aclaraba que no, que olía a cadáver de dos días.

También tuvimos a una señora que vivía en un piso estupendo en el Ensanche barcelonés, iba de vez en cuando una cuidadora a verla, a pesar de tener dos hijos, y nosotras íbamos cada semana a controlar la evolución de la llaga. A sus noventa y tantos, decidió vender su piso en vez de dárselo al banco para que éste le fuese pagando el geriátrico, pensando que con lo que le dieran tendría de sobra para vivir hasta el fin de sus días en una buena residencia. Sus hijos dejaron de hablarle y de irla a ver porque les dejaba sin herencia, le dijeron que no le mirarían más a la cara y que moriría sola.

Ella sabía que una residencia en condiciones vale un dineral, y aun así, nosotras vamos a algunas donde los yayos están muy abandonados, a pesar del lujo de las habitaciones, huelen a pipí que te mueres, les pides que te lo tengan en ayunas para hacerle análisis de sangre y seguro que le dan el desayuno, ves una enfermera para un montón de abuelos y unas determinadas horas al día porque lo demás son cuidadoras de fuera que no saben demasiado… Ellos se te quejan, pobretes, y encima son unos privilegiados porque pueden permitirse pagar esas cifras, pues en otras residencias las condiciones aún son peores, les dan de cenar a las seis de la tarde para meterlos a la cama a dormir cuanto antes y quitárselos de encima, dejándolos hasta la mañana siguiente sin comer, con las consiguientes bajadas de azúcar y otros problemas. Les falta responsabilidad y humanidad, sólo quieren cobrar. Todo el mundo se muere por el dinero, hay un egoísmo alucinante.

Yo cuidaba otra enferma que estaba bien controlada pero tenía que ir a verla para explicarle cómo prevenir la ola de calor y demás. Un día vino a avisarme una vecina que la cuidaba cada día, bastante más que los hijos, de que había subido a verla y estaba muerta desde la tarde anterior. Al parecer, estaba sentadita en el sofá, se fue resbalando y el vestido se le iba subiendo, y se quedó con la mano intentando bajárselo para que no se le viera nada. Me lo contó llorando a moco tendido:

—He avisado a los hijos para que acudieran y, se lo juro, cuando entraron ni miraron a su madre, se fueron directamente hacia la parte izquierda de la casa a la habitación para buscar las libretas de ahorro en la mesita de noche, los dos hijos con las dos nueras como locos.

Se ve que había dinero porque era muy agarrada, ahorraba mucho, pero tenía las libretas a nombre de los dos, así que no se molestaron ni en entrar al comedor hasta que no las tuvieron en su poder.

Con todos estos casos te quedas helada, parecen escenas de Almodóvar pero son reales, por eso te tiene que gustar mucho la enfermería, si no, te vuelves loca. Además, esta profesión te obliga a ser muy diplomática, como un político. No te puedes poner nunca violenta, ni te sale hacerlo, incluso si ellos se ponen agresivos, les has de dar la vuelta. A mí me han amenazado con no parar hasta que estuviéramos todas colgadas y, al cabo de un rato, venir y darme un beso. Lo que pasa es que a veces te sacan tanto jugo que tienes que poner el límite, porque la raya es muy fácil de pasar y si te la pisan, ya la has fastidiado. Por ejemplo, nosotras damos en consulta las recetas para los enfermos crónicos y sólo tienen que venir a buscarlas; pues si una sola vez se la llevas a su domicilio porque los ves muy impedidos, ya te crean una obligación para siempre, no aceptan que les hicieras un favor puntualmente porque estaban mal y la cuidadora y la asistenta social no podían; te agarran no el brazo, sino todo el cuerpo. Derechos adquiridos, se llama. Y en nuestro caso, tenemos que aplicar el dicho catalán de «*Duas vagadas bo es bobo*» (*bo* significa «bueno», de ahí el juego de palabras: si eres bueno dos veces, te toman por tonto).

Aparte de la visita a domicilio, en la consulta diaria damos consejos, controlamos la alimentación, la pérdida peso y el ejercicio físico, curamos llagas, resfriados o cualquier dolencia que se presenta la asumes tú, hasta algunas personas que llegan con infartos, aunque estos casos van más al hospital. Tenemos muchos pacientes con sobrepeso que, casualmente, dicen que no saben por qué están gordos, y yo les recuerdo que en la guerra todo el mundo estaba delgado porque no comían, así que si no comiesen tanto, no estarían tan gordos. Les damos clases a la gente mayor para hacer gimnástica en una sala y en el parque, para ver si a lo largo de los meses baja la asistencia al centro por los beneficios de realizar ejercicio; también tenemos unas terapias grupales de principios de ansiedad y depresión, con pacientes que no es que estén fatal y necesiten psiquiatra (nosotras no somos médicos ni psiquiatras), sino que se trata de ayudarlos a explicar lo que les pasa a cada uno y sentirse escuchados por el grupo. En realidad, es escucha activa que sirve a la gente para tener ilusión por hacer cosas, hacer amigos, salir de la tristeza porque van a tomar un café después de la terapia, hablan... Todo eso permite evitar males mayores, depresiones graves... La medicina preventiva es más importante que otra cosa porque evitas que lleguen a la enfermedad, te ahorras la asistencia, el gasto de medicación y demás.

En Urgencias te viene sobre todo suturas, cortes con objetos, insuficiencias respiratorias o algún infarto, como el de una señora que atendimos hace poco: le pusimos una vía, le hicimos un electro y tenía un infarto clarísimo así que la enviamos en ambulancia al Clínico y estuvo quince días en Cuidados Intensivos muy grave, pero salió y el marido vino a darnos las gracias por nuestra prevención rápida, porque sin ella se habría muerto.

También nos vino uno con micosis en el pie derecho, es decir, con hongos, y le dimos un tratamiento para que se lo hiciera en casa, con la recomendación de que viniera a revisión en una semana. Cuando regresó, le pedimos que se descalzara los dos pies y contestó: «Es que sólo tengo un preparado». Y era real, el otro estaba todo sucio, negro. De esa clase de gente que te quedarías alucinada de lo joven que es y va con los pies llenos de mierda o que lleva conjuntitos de ropa interior mona pero no se lava. Tanto es así que hemos hecho citologías a chicas que despedían tal olor, tan penetrante, que hemos tenido que dejar ventilando el despacho durante media hora antes de dar paso a la siguiente. Eso por no hablar de cuando una me dijo que tenía pérdidas y no eran tales, ¡era diarrea! También te sorprende que, al hacer los electros, los electrodos que has de poner sobre la piel queden llenos de roña, parece mentira hoy en día, pero la falta de higiene es asombrosa.

Nosotras siempre les pedimos que se duchen antes de venir a consulta, pero a la gente mayor sobre todo le cuesta ducharse más de una vez a la semana: por uno que se ducha a diario, hay cinco que no, parece que les hace daño el agua. Cuando les da miedo caerse en la bañera, les aconsejamos que la cambien por un plato de ducha, o, si su pensión no les llega, que pongan antideslizantes.

Por otro lado, es muy difícil convivir con hipocondríacos, a mí son los que más me cuestan. El otro día vino un señor nerviosísimo, porque tenía un herpes en el cuello, y sólo por eso, que se cura con una pomada, tenía la tensión a tope, taquicardia, un ataque de ansiedad, estaba angustiado. En cambio los que más necesitan venir tardan hasta que ya casi no tiene remedio, traen, por ejemplo, quemaduras infectadas, que son más difíciles de curar, celulitis infectada que no consultan porque les sabía mal... Normalmente el hipocondríaco quiere llamar la atención para que estés por ellos, que no los dejes porque si está sano no les miras; esto le pasa sobre todo a la gente mayor, que se va haciendo más egoísta y necesita más ser el centro, algo que en la familia no les sucede porque cada vez les hacen menos caso, les quitan el protagonismo los niños... Por ello aquí prefieren la educación individual que la terapia grupal, te dicen directamente: «Así sólo me escucha a mí», sin tener en cuenta que es mucho más práctico hacerlo en grupo puesto que en lugar de explicar a diez diabéticos por separado cómo pincharse la insulina, podría solucionarlo explicándoselo a todos a la vez en un grupo de diez. Esto es necesario aligerarlo, haciendo terapias de dietas, de insulinización, de ansiedad, etcétera, para pacientes con dolencias comunes. Es importante mantenerlos activos siempre, que tengan motivos para vivir, y, en casa, que hagan sopas de letras, actividades para ejercitar la mente y el cuerpo como separar las frutas por especies o botones por colores... Algunos te hacen caso y otros no, lo ves claro según si te escuchan o les rebota como si fueran una pared.

Después de todo eso, el sábado intentas descansar lo máximo posible, aunque si has pasado alguna experiencia muy dura durante la semana te la llevas a casa y cuesta desprenderte de ella. Valga el caso de una señora que se me moría, no tenía el corazón muy fuerte y todo el cuerpo era una herida; en la espalda, a la altura del cóccix se veía la columna vertebral, nos pasábamos dos horas cada día curándola y salía de allí sin fuerzas para caminar, me tenía que sentar y me duró aquel estado hasta que se murió la señora, era muy duro, sobre todo porque sabemos que un enfermo terminal no se cura nunca, no se le curan las llagas porque no tienen ningún tipo de defensa. Eso me marcó tanto que pensé en volver a lo de antes, a los especialistas. Pero claro, aparte de la recompensa económica por trabajar más, obtienes muchas satisfacciones. Muchas veces te explican adónde se van de vacaciones, sus dramas personales, tengo una señora a la que le pasan tantas cosas que parece ficción, en las películas no se ven tantos problemas, como casos de familias donde no se hablan los padres con los hijos, mujeres que se me echan a llorar y cuando les pregunto por qué me contestan: «Es que me hace tanta ilusión que me pregunte lo que me pregunta, y cómo estoy…». Pobres, tienen una carencia de ser escuchadas, como la mayoría de la gente, y eso es lo que intentamos cubrirles. Todo eso, cuando he ido de paciente al Clínico lo he notado, por eso ahora soy todavía más amable, paciente y empática. En esta profesión es importantísima toda la parte humana, más allá de todo el tecnicismo que puedas controlar.

Alguna vez, muy rara, me he levantado con el pie izquierdo y, aunque normalmente consigo dejar los problemas en casa, no he podido desconectar del todo. El problema que tenemos es que disponemos de un máximo de diez minutos con cada paciente y si con uno estás media hora, porque le hace más falta, te retrasa al resto y cuando sales a llamar a los siguientes, pueden estar cabreados. Un día teníamos cincuenta esperando y, al final, se me colmó el vaso, no hay que olvidar que somos humanos y sólo tenemos dos manos. Estuvimos hora y media curando una herida y cuando salí, le digo a la próxima paciente:

—Voy al lavabo, no pase aún.

—Y tanto que paso, usted no va al lavabo.

—Claro que voy al lavabo.

—No, irá cuando acabe de ponerme la inyección.

Fui la lavabo, obviamente, pero a veces te encuentras con gente muy exigente que van mucho a la suya, y tienes que girar la tortilla y poner paz. Pero cuando te conocen y ven tu talante y tu rollo, también lo valoran, porque les solucionas muchas cosas.

A veces resuelvo un montón de problemas propios de un médico, lo que no quiere decir que haga de médico, según la tendencia actual. Ahora las enfermeras han pasado de ayudante técnico sanitario a diplomadas y, de ahí, a licenciadas, estudian cuatro años más las especialidades y los másters de manera que las que salgan en adelante serán como un médico. En cambio yo soy de la promoción del sesenta y pico y no quiero hacer eso, yo puedo medicar para heridas, cosas leves, pero nada más, porque no he estudiado ocho años Medicina. Aparte de que, de momento, yo voy a la montaña, subo y bajo escaleras y estoy fuerte, pero hay muchas enfermeras de mi edad que no están para subir cada día seis o siete pisos, tenemos muchas cargas que nos dejan la espalda destrozada; tengo una amiga que padece sobrepeso y se ahoga subiendo las escaleras hasta el punto de que las visitas de los sábados las paga para que se las hagan a fin de evitarse subir a un montón de casas. Creo que, a una cierta edad, nos deberían limitar el trabajo, y dar paso a los jóvenes. Es curioso porque las de mi generación tenemos un tipo de convenio que estableció Franco por el cual estamos blindadas, no nos pueden echar y disfrutamos de bastantes privilegios, no pagamos ni para tener el paro, has de hacer una cosa muy bestia para que te despidan. En cambio, eso ahora se ha acabado, hoy en día abundan los contratos temporales y es una pena porque las jóvenes vienen con mucha ilusión, mucho más frescas, nosotras tenemos mucho bagaje, hemos vivido mucho y eso te resta frescura. Ellas vienen con ganas de cambiar el mundo, pero yo he llegado a la conclusión de que llega un momento en el que el mundo te cambia a ti. Y no puedes hacer nada contra todo el mastodonte administrativo. Puedes intentar mejorar en la medida de tus posibilidades, actuar como crees y quedarte tranquila con tu conciencia, pero ya está.

Al menos ves que muchos se curan, eso sí, y te confirman que lo haces bien, como el señor que traía aquí a su madre y la llevó también a la sanidad privada, y en ésta, el cirujano, que era muy bueno, le estaba tratando una herida con cortisona, cosa que yo no entiendo porque tiende a empeorarlas. Yo le dije que había que cambiar de tratamiento pero no se lo creía, me costó mucho convencerles, muchas visitas. Lo curioso es que la herida llevaba dos años con el mismo aspecto y a los quince días de que consiguiera que aceptaran mi tratamiento, empezó a mejorar. Se quedaron helados y rectificaron su creencia de que la privada es mejor que la pública, lo cual te gratifica mucho.

Pero es que además, la mayoría de las veces los médicos de la pública son los mismos que los de la privada. Con otra enferma, a la que llevaba aquí un médico muy bueno, el mejor dermatólogo que hay en España, pasó algo parecido porque él le puso un tratamiento pero ella no se fiaba, me dijo que no lo seguiría. Yo intenté persuadirla pero no hubo modo, preguntó por el mejor dermatólogo de Barcelona y le dijeron uno privado. Cuál no sería su sorpresa cuando fue a la consulta y se encontró con que era el mismo. Le recetó lo mismo, le cobró su tarifa habitual y después me lo contó compungida. Son los mismos, el único problema es que en la pública suele haber listas de espera muy largas, porque no hay suficiente presupuesto, ni médicos ni centros para tanta gente. En la privada te haces una prótesis y la tienes al momento, en la pública no porque vale seis mil euros, pero el personal es muy humano, no te hablan forzadamente como cliente, sino como paciente. Y a veces es más importante el trato cariñoso que el tratamiento en sí.

El otro día vino una chica con la cabeza abierta, era un corte de nada pero la sangre lo hacía mucho más aparatoso porque iba toda roja. Nos agradeció más que le agarráramos la mano, le pusiéramos una manta, la limpiáramos, etcétera, que la sutura en sí.

He trabajado también en la privada porque cuando me separé me quedé sin nada de dinero, de tener mi sueldo para mis caprichos pasé a pagar las facturas del agua, gas, IBI, seguros... y me fui a trabajar por las tardes a una consulta privada de un dentista. Era un loco, un tirano, sufrí acoso laboral, hasta el punto de que me escondía radiografías o piezas dentales para que luego no las encontrara y así poder echarme la bronca, como me reconoció al final. Me maltrataba psicológicamente, lanzaba el instrumental delante del paciente, me decía de todo para hacerme sentir como una idiota, y al día siguiente me abrazaba porque estaba de buen humor; y encima de todo, no me tenía asegurada. Así que un día le dije que no volvería más y él reconoció que me echaría en falta. Siempre decía que se me notaba que nunca antes había estado en la privada. No lo entendí, pero ahora sé que se refería a que no soy insoportablemente amable con los enfermos. Yo en la pública soy amable y nunca he tenido ningún problema con nadie, pero me niego a hacer las pantomimas y reverencias que hacen en la privada. Para mí, interpretan un papel con el que me siento incómoda cuando me atienden como paciente y que no sé interpretar como enfermera. Digamos que te cobran tanto que, como mínimo, te tienen que hacer la pelota, va incluido en el presupuesto. Es escandaloso: el periodoncista me cobró cincuenta euros por mirarme para reafirmar una cirugía que me tiene que hacer en unos meses y le dije a la recepcionista:

—Se ha equivocado, si no me ha hecho nada, ni me ha tocado.

—Ya —me contestó ella—, pero es su mirada.

Lo cierto es que las enfermeras de la privada van locas por estar en la pública, porque hay muchos fallos y chanchullos, pero en cuanto al trato, es más humana, y la convivencia con el paciente es más normal, pues en la privada es puro teatro, no sabes hasta qué punto es necesaria la visita o te la pone para poder cobrarte más. Es una tomadura de pelo.

***S. T.***

*Esta treintañera catalana, antes actriz y bailarina, ha estado en todas las unidades porque ha trabajado como corretturnos en varios hospitales, lo cual le ha permitido vivir experiencias en la UCI, en hospitalización y urgencias. Esto genera mucho estrés pero también un bagaje importante que no dan los masters ni los post grados.*

En un hospital impacta encontrarte con la muerte tan cerca, no es cierto que nos acostumbremos: es horrible cuando te viene gente agonizando y, desde luego, no es lo mismo que se muera un bebé de dos meses que un anciano de 80 años, pero, independientemente de que uno haya hecho su proceso de vida y el otro no, impactan los dos. La primera muerte que tuvo lugar en mis brazos fue la de otra enfermera que estaba hospitalizada porque tenía cáncer. Es muy duro que una persona te pida la eutanasia pasiva, que te implore: «Ayúdame a morir, pero ya mismo, no me dejes 24 ó 72 horas más...». Estuve dos o tres noches sin dormir, reflexionando sobre ello. Y luego tuve que ver cómo se despedía de todos sus familiares, fue algo muy emotivo y doloroso, porque era una chica de 33 años.

En general, Oncología es durísimo, yo voy rotando por semanas porque no puedo estar allí de seguido, y cuando vuelvo semanas más tarde me entero de que algunas personas han desaparecido, o que las que siguen allí están peor, muriéndose.

Es muy curiosa la forma de ser de la etnia gitana, les duele muchísimo más la muerte que a cualquier otra, por lo que siempre hay que hacer un protocolo previo para anunciar la muerte de un gitano. Por ejemplo, tú compruebas que se ha muerto, que no tiene constantes vitales. Y no se lo puedes soltar a bocajarro porque no se lo creen y sospechan que hemos ayudado a matarlo de alguna manera y te amenazan con rajarte, de modo que tienes que avisar a todo el clan de que está muy mal, después tienes que hacerles dos electros, porque desconfían del primero: «A ver si es que la electrónica falla...». No ven la muerte como una parte natural del proceso vital sino como un insulto a la vida. Hay que hacerles todo un ritual que nos estresa mucho, porque además de ellos tienes veinte pacientes más.

En Urgencias me han pasado cosas muy simpáticas, algunas de ellas relacionadas con el sexo. Una vez me vino una pareja que había estado jugueteando con un vibrador y a la chica se le había introducido mucho y no se lo podía sacar porque le hizo vacío. Era uno de aquellos vibradores antiguos de cristal, y tuvimos que perforar para poder extraerlo, si no, era imposible. Delante del paciente no te ríes, pero detrás, no puedes evitarlo. Sobre todo cuando te llegan personas con artilugios de todo tipo que no tienen la función de procurar satisfacción sexual pero los usan para tal fin. Tuvimos un caso propio de Almodóvar de una abuela de 82 años que vino con problemas vaginales, le palpábamos y no notábamos nada porque estaba muy introducido, así que tuvimos que hacerle una ecografía. En la imagen se veían unas bolas, y un médico dijo:

—A ver si va a ser un rosario que la abuela se ha metido después de rezar.

Y todo el personal se cachondeó de él un rato. Efectivamente, era un rosario, con crucifijo incluido.

Hemos encontrado frutas como peras pequeñitas de san Juan, trozos de plátanos, limones, porque la cáscara al parecer induce mucho al placer por su rugosidad; pero también pelotas de *ping-pong*, de billar, bolis un montón, cosas cilíndricas... Vienen sobre todo homosexuales, los hetero no se atreven tanto, aunque en realidad a todo el mundo le cuesta mucho admitir que estaba jugando sexualmente, vienen personas adultas que se inventan que se han sentado sobre el objeto en cuestión y, qué casualidad, lo han absorbido con sus partes íntimas.

También he atendido peleas que habrían dejado boquiabierto al mismísimo Scorsese. Se habían marcado dos a navajazos y el toque final fue una puñalada con un cuchillo de cocina. Lo recogimos con él clavado en el estómago y no podíamos extraérselo, a riesgo de que se desangrara por la profundidad del agujero. Los del SEM, Servicio de Emergencias Médicas (061), estamos acostumbrados a historias así, porque recoges de todo, desde borrachos echando la papa, hasta trocitos de personas en accidentes de tráfico, que es lo menos agradable. Pero cuando llamamos a la ambulancia ordinaria para hacer el traslado de una unidad a otra más preparada para que se lo llevara con el cuchillo incorporado los pobres alucinaron con la escena. Era verdaderamente esperpéntico verlo allí con el cuchillo clavado y sentado: tuvimos que incorporarlo y ponerle doble camilla porque de haberlo tumbado la hemorragia habría salido por la boca.

Otra muy marciana, y nunca mejor dicho, fue cuando me vino un chico con una de esas antenitas en forma de V, de aquellas que llevaban los televisores antiguos de colores, clavadas en la nuca de tal modo que le salían por detrás de la cabeza y le asomaban por encima dándole verdaderamente el aspecto de un extraterrestre. El pobre estaba fatal porque le había tocado las cervicales, y lo peor es que había sido la novia, que en un arrebato de furia cogió lo primero que vio a mano y se lo clavó con todas sus fuerzas.

Nos reímos mucho con un transexual que tuvimos en la Unidad de Digestivos del hospital de San Pablo y una noche durante una guardia se puso a cantar el «En el amor todo es empezar», de Raffaella Carrà, disfrazado con las sábanas y lo que pilló por la habitación, en plan *drag queen* pero con el pito fuera. Se montó allí un cachondeo importante.

Con los nombres de los medicamentos también se crean situaciones graciosas, por ejemplo, vino un abuelo a Urgencias diciéndome que él se tomaba una medicina llamada Tarzán y, claro, el médico y yo teníamos que intentar averiguar a cuál se refería en realidad, hasta que dedujimos que hablaba del Zantac.

Eso por no hablar de los chiquillos que se excitan cuando vas a curarles y te ruegan que te salgas hasta que se les baje la erección. La primera vez te descoloca, ves cómo a través de la sábana va subiendo el trípode, pero luego ya lo ves normal porque no lo pueden esconder, es natural.

Cada vez nos encontramos más chicas que vienen manifestando que han sido violadas cuando luego comprobamos que se han hecho ellas mismas las heridas, los moratones y los rasguños, se autolesionan para tocarle las narices a su ex, pero luego no hay ningún rastro de semen ni de nada que demuestre la violación. Me impacta cómo la gente puede llegar a degradarse tanto para fastidiarle la vida a otra persona.

Me da un poco de miedo, porque aparte de enfermera eres persona, cuando los mossos traen a detenidos esposados que están heridos o enfermos, tengo que curarlos con las esposas puestas, en prevención de que me acaben agrediendo a mí. He estado en barrios conflictivos donde se montan verdaderos espectáculos porque llega la policía custodiando a la ambulancia, todo el mundo mirando...

Pero aun así eso no es nada comparado con lo que viví cuando trabajé en la unidad de Psiquiatría de Agudos de la cárcel de Can Brians, que es de presos de alto riesgo, del tipo Hannibal Lecter, para hacerse una idea. Hay pluripatologías, patologías duales... con lo cual, las normas que te imponen en la cárcel para tratar con ellos son muy estrictas: jamás entrar en una celda sin el guardia de seguridad y el mosso de esquadra, que es la protección que yo llevaba para hacer la ronda o darles la medicación; debíamos ir con una linterna y abrir primero una puerta de seguridad y, antes de abrir la segunda, tenías que poner el pie, ya que tienden a empujar con una fuerza abismal. Una vez en la celda, jamás debía dar la espalda al preso, ni el lateral, ni siquiera para salir: tenías que andar hacia atrás. No puedes entrar en la celda con ningún objeto que ellos puedan manipular, porque de un cepillo de dientes han hecho armas punzantes, casi se cargaron a una doctora. Hay que controlar las sábanas, las manos tienen que estar en alto, a la vista, nunca escondidas tras la espalda o en los bolsillos. También tenía que comprobar cada dos horas que los presos no estuvieran muertos, porque de lo contrario, si moría uno bajo mi custodia, me responsabilizaban a mí. Eso en un hospital no se hace, en cambio a un preso con un historial policial típico de asesino en serie, sí. La presión judicial es muy fuerte, probablemente porque si les pasara algo, se podría acusar a Instituciones Penitenciarias de torturas, asesinato o cargos similares. Así que el peso cae sobre el personal sanitario que está de turno en el momento en que le pase algo a algún presidiario.

Tienen un historial médico impresionante, muchos con politoxicomanías; no se sabe muy bien qué mecanismos funcionan en sus mentes, yo tuve curiosidad y aparte de leerme su historial médico, me leí la ficha policial, y me encontré hasta con depredadores, del tipo «mata a su mujer, se come a su hija a trozos»... Prefería saberlo porque al menos cuando entras a su celda sabes a quién te estás enfrentando, vas más precavida. Pero también más asustada, claro, y hay que tener en cuenta que ellos son como felinos, desarrollan sus sentidos y su percepción al máximo, huelen todos tus estados de ánimo, por supuesto el miedo o la inseguridad, porque no tienen nada más que hacer que pensar en artimañas.

Había pacientes que estaban tan hartos de estar en la cama que se dedicaban a hacer posturas raras, se metían entre el somier y el colchón, hacían contorsionismo hasta lo inverosímil, porque están aburridos y quieren ser diferentes, llamar la atención. Tampoco es tan raro porque el régimen allí es muy severo, sólo se les abre para ir al baño y para darles la comida, se duchan delante de un funcionario... Así que imagínate lo que han llegado a hacer para recluirlos de esa manera. Por ejemplo, las pocas mujeres que había, todas madres, eran asesinas en serie.

Y es curioso, porque en Psiquiatría y Psicopatología los enfermos tienen un olor especial. Yo he podido tener conversaciones fluidas, normales, de los veinte pacientes que tuve, con dos, con los demás su discurso era incoherente. Se inmiscuyen en tu vida y te preguntan mucho, pero no les puedes contar demasiado porque manipulan y tergiversan la información a su favor. Me gustó mucho la experiencia, siempre me ha interesado el enfermo mental.

Otra rama que toqué fue con anoréxicas y bulímicas. Fue muy duro porque estaba en un instituto de trastornos alimentarios y de conductas obsesivo-compulsivas, donde tenía tanto mujeres como hombres, desde niñas de 12 años a madres de 50 y es una enfermedad muy cruda que debe de ser horrible a nivel familiar y que a nivel personal debe de imprimir una marca indeleble en cada uno de ellos, si consiguen salvarse y estabilizarse (aunque siempre hay pequeñas recaídas). Yo aprendí mucho e intenté enseñarles todo lo que pude y más, pero son tan cansinas y agotadoras... Básicamente porque manipulan la información, engañan a sus padres, a su propia mente. A mí se me han llegado a morir en los brazos, por ejemplo, una chica de 20 kilos que se veía gorda, pero yo creo que ésta ya no quería vivir, había una desadaptación del mundo real brutal. Tienen una imagen de sí mismas que no se corresponde con la realidad pero quieren convencerte de que son así, tú eres la mentirosa, no entienden por qué las haces sufrir diciéndoles que las ves delgadas. La mayoría posee una inteligencia superior, casi todas estaban en la universidad, y de las que no, había un 5% cuyos trastornos alimentarios venían causados por abusos sexuales durante su infancia. Para que puedan destapar eso, hay que hacer un trabajo muy arduo, se escapan, te mienten. Una de las más impactantes tenía 14 años y era una artista innata, pintaba genial. Ella llevaba un año ingresada cuando yo entré y no se comunicaba con nadie porque era muy arisca. Yo pensé que aquello debía de tener alguna causa porque soy muy freudiana, y conseguí ganármela. Un día le pedí que me dibujara algo que quisiera decirme. Se pintó a sí misma de negro y ensangrentada. Unos dibujos tremendamente impactantes, muy oscuros, muy góticos... Y yo me planteé el dilema de si me los había entregado a mí como Sonia o como profesional. Durante dos días lo oculté por respeto, pero luego se los entregué fotocopiados a su psicóloga para que los interpretara. Eso a la chica le afectó mucho. Además, como tenía un trastorno de doble personalidad, podía ser muy dulce o hablarte con mucha ira, era como el doctor Jekyll y Mister Hyde. A veces me daba información suelta para que le pudiera ayudar pero después, cuando me acercaba, me decía ¿quién te ha pedido ayuda? Esto es generalizado entre las esquizofrénicas, jamás te manifiestan que necesitan tu apoyo. Pero por mi carácter siempre he sido muy clara, para lo bueno y para lo malo, y al final siempre me venían y confiaban en mí. Bien, pues la chica «gótica», cuando vino una vez a verla su padre, se puso muy nerviosa e intuí que por ahí iban los tiros. La psicóloga me dijo que no. Fuera como fuera, un día me la encontré toda blanca, pálida. Iba con ropa muy grande, como casi todas, para que no se les vean las formas, pero vi que le goteaba sangre de debajo de la manga y pensé que se había autolesionado, como suele ser habitual en las anoréxicas. La llevé a enfermería y le pedí que se desnudara. Me costó una hora pero cuando lo logré, vi que tenía todo el cuerpo, de arriba abajo excepto la cara, que era lo único que se le veía, con pequeñas erosiones. Le pedí el objeto con el que se lo estaba haciendo y resultó que había roto una bombilla en trocitos y se iba rajando con los cristales. Pero lo peor fue que se lo sacó ¡de la vagina! Eso fue escalofriante, se me quedó en la retina grabado. Vi cómo la sangre le escurría por las piernas y cómo extraía un papelito donde guardaba la bombilla troceada. Le pregunté entonces por la parte grande, el casquillo, y se la sacó también de adentro. Supongo que quería destrozar todo su posible atractivo sexual para evitar sufrir abusos de nuevo. La llevé al hospital y llamé a los padres, y lo cierto es que no he sabido mucho más de ella porque a la semana siguiente al volver de la cárcel tuve un accidente del que me salvé de milagro y pensé que era una señal para que no continuara con los tres trabajos a la vez, así que dejé a las niñas. Me llamó la madre una vez solamente para agradecerme todo lo que había hecho por su hija, que no se había comunicado con nadie en años más que conmigo. Eso me hizo muy feliz, porque sufrí mucho por ella, se me caían las lágrimas.

Viví también el caso de una abogada de 28 años que venía de Madrid, totalmente desconectada de la familia, con 17 kilos. No podía estar de pie, no se sostenía. Me dio tanta cosa… Me daba miedo hasta tomarle la tensión por no romperla. Como suele pasar, no tenía la regla, estaba descalcificada, se le caía el pelo, perdió la melanina… Un ser inerte, tan transparente y carente de grasa que se le marcaban los órganos. Me daban arcadas porque parecía un cuerpo en descomposición, y no era miedo, porque se me han muerto personas en los brazos y, pese a que del impacto con la primera me oriné encima, me parecía peor ver el pulmón, la caja torácica, el bazo, el hígado y el estómago tan nítidamente. Lo que más me sorprendió de ella, aparte de su aspecto, es que seguía viéndose gorda, a pesar de que le costaba hablar y decía que le pesaba la lengua. La piel de las orejas la tenía muy flácida porque no le quedaba nada de músculo. Hacía dos años que no probaba nada de carne; vegetales, los mínimos. Y podía comerse, a lo mejor, un Actimel al día. No sé ni cómo le funcionaba el cerebro, pero lo hacía, y con mucha inteligencia. Yo le preguntaba cómo podía autodestruirse de esa manera. Y su respuesta era: «Lo sé, Sonia, pero quizás estoy hecha para destruirme». Lo cierto es que lo estaba logrando, como pude comprobar el día que me llamaron sus compañeras gritándome: «Un monstruo, un monstruo». Bromeé diciéndoles que dejaran la medicación que les sentaba fatal. Y fui al baño a ver qué pasaba. Me dijo: «Sonia, no me puedo levantar». La auxiliar se desmayó. Y yo me encontré con que se le había salido el intestino grueso, unos cuatro metros. El ano tiene una fuerza de contracción en cuanto que es un músculo, pero como ella no tenía apenas fuerza, al realizar el esfuerzo para hacer caca, se le escapó el intestino. Entonces descubrí que por eso ella siempre se ponía papel de váter como tapón. Yo pensé: «Si ha salido, tiene que entrar», así que me puse a introducírselo de nuevo, con gasas, y le pedía a ella que fuera encogiéndose un poco para reabsorberlo. La llevé al hospital con aquello tapado pero advirtiéndoles que se le volvería a salir si no hacían algo. Y los médicos me dijeron que no la podían operar porque no aguantaba ni 0,5 miligramos de anestesia, que se moriría. Así que no pudimos hacer más que aguantarle cada vez que iba al baño para que no se le cayera otra vez y enseñarle a ella a sostenérselo. Conforme la nutrición se iba normalizando, el intestino se le fue adhiriendo de nuevo. Ella está recuperándose, muy poco a poco, dado que era un esqueleto andante.

Además de lo anterior, trabajo también la rama de los toxicómanos, que me resulta muy interesante, por eso hice tres cursos de toxicología y adicciones. Es un mundo poco conocido, y a mí me despierta mucha curiosidad saber cómo funciona la mente humana para llegar hasta el punto de que nada importe salvo conseguir la droga, quiero saber qué mecanismos activa esa sensación de placer que les proporcionan las drogas de tal forma que son incapaces de desengancharse. La compensación debe de ser inmensa para que caigan de esa forma y te confiesen que llegarían a matar incluso a su madre a cambio de su dosis. Me he dado cuenta de que hay gente enganchada a la heroína desde los años setenta. A mí me chocó mucho tener que darle metadona a una compañera mía de 35 años que nunca se lo ha dicho a nadie y sigue ejerciendo su profesión estupendamente. Y ella sentía vergüenza de que yo supiera que era heroinómana desde 1975, pero yo en eso no me meto, yo le doy la metadona y me alegro de ver que lo está llevando bien, que sigue trabajando. Hay gente que se parte la cara por un bote de metadona, pero también hay mucha otra que lucha por salir, que están en pareja pero se apoyan por desintoxicarse, que tienen recaídas pero continúan intentando salirse... Y desde luego, no solamente se trata de pobres yonquis de barrios bajos, también viene gente famosa y rica que está fatal. La vida de estos drogadictos carece de sentido fuera del mundo de las drogas, les cuesta más llevar una vida normal que seguir inmersos en él, para volver a sentir la sensación de su primera ingesta. Yo siempre les explico que eso es imposible porque se crea una tolerancia y una dependencia que les obliga a aumentar la ingesta para obtener ya no lo mismo, sino un cuarto de lo experimentado con el primer chute.

Tengo tres pacientes politoxicómanos con una vida normal, de los cuales, dos se lo ocultan hasta a su pareja.

—Mi mujer, con la que llevo veinte años, no lo sabe ni lo sabrá —me comenta uno, a pesar de que él ha sido uno de los mayores traficantes de droga en Ámsterdam—: Yo he visto cómo se ha matado gente delante de mí y, simplemente, me he apartado y he seguido mi camino.

Es un tipo racional, serio, que se hace controles cada seis meses, no tiene el sida ni nada, tuvo una fuerte adicción a la heroína, pero en la última temporada tomaba el *speed bull,* que es heroína con coca y dice que es la bomba, hasta el extremo de provocarle orgasmos. Sin embargo, él reconoce:

—He renunciado a todo eso por mí mismo, porque ya no noto el mismo placer y porque quiero hacer otra vida, pero la felicidad que me dio todo aquello, incluido el ser traficante, nunca la olvidaré.

La verdad es que cuando eres una currante normal y corriente que dobla turnos para llegar a fin de mes, te descoloca que alguien trabaje 24 horas para meterse un pico de heroína.

En la sala de venopunción, en la que se les da el kit para que se pinchen lo que deseen en condiciones higiénicas, he visto a gente pinchándose varias veces en distintos puntos, entre ellos el lóbulo de la oreja, que por lo visto les deja KO de placer, porque así les llega la droga a más partes del cuerpo y se sienten como en estado de levitación. Vi una sobredosis hace poco de uno que se metió *speed bull* de mala calidad, muy mezclado con sustancias varias, y hubo una interacción porque era alérgico a la aspirina pero él no lo sabía, lo cual le provocó un choque anafiláctico a la vez que un mal viaje, tuve que darle aire y paliarle el efecto de la sobredosis, pero no hubo forma de salvarle.

Ven mucho apoyo a nivel médico y de enfermería, pero son ellos los que dominan su vida, los que deciden. Son muy pesados y muy manipuladores porque ante todo quieren conseguir su dosis, si eres chica les das el brazo para ayudarlos y se toman todo el cuerpo… Yo he sufrido amenazas, sobre todo de un ex legionario al que se le va la cabeza y que yo llamo el Samurái, porque se piensa que es el sucesor de Kung Fu. De normal, es muy simpático y me recita versos, pero el día que le da un mal viaje la metadona, se viene disfrazado de samurái y con una catana que me enseña a través del cristal y me amenaza con rajarme porque no le gusta esta metadona, ni su vida, y le apetece matarme. Yo le digo:

—Pero tú adónde vas, has visto muchas películas orientales, enfunda por favor la catana.

Y entonces se calma. Pero me han escenificado muchas crisis compulsivas ex profeso para que acuda a ayudarles y aprovechar para agarrarme, no ha habido agresiones físicas pero psicológicas sí que lo intentan, del tipo: «A tu hijo lo conozco y lo voy a matar»… Y yo me parto porque no he sido nunca madre, pero la intención última es hacerte daño para que saltes como persona y tú le tienes que marcar que estás ahí para ayudarles pero que no se deben sobrepasar. Son muy pillos, se las saben todas. El Samurái me comenta:

—Mira, como estoy mal de la cabeza, yo puedo salir a la calle y matar a alguien sin que me metan en la cárcel porque puedo alegar locura.

A pesar de todo ello, muchas curaciones lo compensan todo: Un día iba en moto y me topé con un motero al que le había arrollado un coche. Me paré y vi que tenía la tibia para un lado, el peroné hacia el opuesto y el pie, para el otro; le debía de doler un montón, de hecho, se desmayó del susto. Me puse los guantes que llevo siempre por si acaso y me dispuse a alineárselos y a hacerle un torniquete, para que no se desangrara, y lo conseguí, con la inestimable ayuda de todos los vecinos que me iban trayendo todo lo que les requería. Cuando llegaron los del SEM me dieron las gracias y me sentí muy feliz y muy útil, me eché a llorar de la emoción como una tonta. Me gustó tanto que ahora he echado una solicitud para hacer un posgrado y entrar en el SEM, para estar en la ambulancia sola, ir a reconocer cuerpos, ayudar en accidentes, etcétera.

Hay experiencias muy bonitas, cuando la gente te escribe cartas de agradecimiento o te coge de la mano y te asegura que jamás te olvidará, que les has ayudado muchísimo, que aprecian tu sinceridad y tu humanidad, cosa que no se aprende en la universidad. Cuando ves a niños con leucemia que se recuperan o a pacientes graves que salen por su propio pie... He llorado mucho por esto. Como con un bebé abandonado que me quería llevar a mi casa pero tenía el corazón partido y no iba a durar más de un año, era lo más precioso que he visto nunca en neonatos, y me hacía llorar de emoción porque yo hacía doce horas por la noche, y lo cogía y lo subía a la planta de arriba al aire libre, desde donde se ve toda Barcelona y notaba que emitía otros sonidos guturales conmigo, toda mi intención es que al menos mientras estuviera vivo tuviera algunos momentos bonitos. Este tipo de historias te permiten alegrarte de pringar doce horas diarias porque a nivel profesional la labor que hacemos las enfermeras no está justamente pagada en relación a lo que hacemos con los pacientes.

***A. T.***

*Desde 1998, ha trabajado en varios hospitales catalanes, con los bomberos y el 061, así como poniendo inyecciones o curas similares a domicilio. Sabe de lo que se habla y quizás por ello cuenta las historias de carrerilla, sin apenas inmutarse para reírse. Como el desaparecido Eugenio con los chistes.*

En Vall d'Hebron es donde me lo he pasado mejor. Por ejemplo, va una analista a hacerle el análisis a una señora y no le encuentra la vena, imposible de ninguna manera. El problema es que ya estaba muerta; habían pedido la analítica antes de que muriera pero llegó demasiado tarde. A mí me pasó algo parecido: me pidieron que sondara a una señora y, al segundo, me dieron la orden contraria:

—Ya no hace falta.
—¿Por qué?
—Porque se ha muerto.

Así, en menos de nada. Al principio me chocaba mucho ese breve paso de la vida a la muerte, pero ahora ya no tanto, ves que un día estás y otro no, y eso te lleva a pensar que has de aprovechar la vida, porque cualquier día puedes enfermar y morirte, coger un cáncer o lo que sea…

Estar sano es un lujo, porque si no estás sano, no puedes hacer nada. Cuando uno está en el hospital y ve a gente sin piernas, o gangrenadas, no se para a pensar que está vivo y sano… Gangrenas he visto varias, las aprietas y suenan *crec crec crec,* como un grillo; aparecen sobre todo en piernas, por una bacteria anaerobia (las que viven en ausencia de oxígeno y surgen cuando se infecta una herida en un agujero al que no entra el aire). Me acuerdo de unas curas a una chica que tenía clavos insertados, y los recovecos podían infectarse por lo que le poníamos unas bolsas de basura con celo alrededor de la pierna y le metíamos un tubo con oxígeno a toda pastilla para matar los anaerobios. Esa chica salió muy bien de la cura.

Igualmente, los diabéticos tienen un montón de complicaciones, como las de los pies, que se les cortan los dedos con las uñas, pueden incluso quedarse sin piernas; los ojos también los tienen mal, se van quedando sordos... Es muy importante llevar la diabetes muy controlada.

Me enviaron a ponerle una inyección a un chico muy guapo y me lo encontré en pelotas en la cama, en plan romano. Le puse la inyección y me invitó:

—¿Qué?, ¿no me vas a hacer nada más?

—Pues no.

Las demás ya sabían cómo era e iban de cachondeo, pero yo me puse roja como un tomate. No me lo podía creer, pero aún menos crédito daba a mis ojos cuando me avisaron de una ocasión única —«Ven, que vas a ver una cosa que nunca más verás»—: era una señora a la que se le habían desprendido los ligamentos provocando la caída del útero y éste le había salido por la vagina, de forma que lo tenía colocado encima de la cama entre las piernas abiertas, con los ovarios incluidos.

También me dejó helada la primera úlcera que vi en la realidad, más allá de la llaguita que yo creía que era una úlcera cuando estaba estudiando, porque era un agujero de un palmo en un fémur de una señora, tan profundo que se le veía el hueso, incluso cuando lo movía, y le iba el fémur por un lado y la chicha por otro, parecía un jamón infectado, todo amarillo. Me mareé y mi compañera se empezó a reír viendo que me iba a caer al suelo.

En el hospital de Barcelona, durante mis prácticas, una compañera mía salió de la sala de partos a decirle a la familia que habían tenido un niño, cosa que celebraron por todo lo alto... pero se había equivocado de quirófano, con lo cual al rato tuvo que quitarles la idea de la cabeza porque la suya era una niña. Y siguiendo con los partos, una señora muy mayor que estaba ingresada en Trauma me explicó una anécdota de cuando era matrona de pueblo: la llamaron para un parto y sacó al niño azul, y lo daban por muerto, pero pensó: «Lo voy a reanimar». Le sacó los mocos con la boca, le dio unas palmadas en la espalda, y al final se puso rosa y salió adelante gracias a su constancia. Además, trabajando en Urgencias del hospital del Mar, nos llegó una gitana que se puso de parto mientras estaba atracando un banco: la trajo la Policía, detenida, a parir. También me explicaron de una que tenía la manía de que estaba embarazada. La primera vez se lo creyeron porque estaba muy gorda y la pusieron en la sala de partos pero, sorpresa, no tenía bebé dentro. Se ve que iba cada mes de parto, la dejaban allá en la cama para que hiciera todo su ritual y luego se iba tan campante.

Para nuestra salud, lo más duro de trabajar en el hospital es que como no hay muchas camas que se puedan subir automáticamente, tienes que hacer mucho esfuerzo con la espalda, por lo que estamos todas fastidiadas, hay grúas pero no suficientes. Y no es fácil subir a un señor de 120 kilos a la cama, tenemos técnicas de movilización pero no evitan que el dolor de espalda sea una de las principales causas de baja.

Luego están los pacientes impertinentes que no te dejan vivir: los acomodas, les haces todo lo que haga falta, pero como están deprimidos no paran de llamarte porque quieren verte, reclaman atención constante, cuando lo que necesitan es atención psicológica... y se la damos, pero no llegamos a tanto. Me acuerdo de una señora que estuvo seis días en el hospital con una depresión tal, que cada vez que te ibas rompía a llorar. Y cómo te vas a ir dejándola así. Tenías que estar aguantando, dándole ánimos, y cuando paraba de llorar te ibas corriendo. Hay muchas enfermeras que evitan estas situaciones, mandan siempre a otras. Corres el riesgo de deprimirte tú también, pero te haces un poco dura, si no, no podrías soportarlo.

Por ejemplo, yo con los niños lo paso fatal; es muy duro tener que pincharles con quince días o un mes o ver a los padres llorando porque los tienen que ingresar... A los más pequeños, cuando les pones una vía, les tienes que colocar una tablita con una venda en el brazo y la otra mano se la enrollas con otra venda para que no se la quiten. Los pobres parecen robots, ¡da una lástima! Porque además no lo entienden. Me fui de la Dexeus porque los niños me dan mucha pena.

Con los abuelos también me ocurre. Muchos están llagados porque en las residencias los tratan fatal, algunas dejan mucho que desear, es algo generalizado, se ve que no les hacen cambios posturales y se llagan. Mi abuela se rompió el fémur y estuvo dos meses en el hospital de la Esperanza, y no le cambiaron lo suficiente, por lo que toda su espalda era una llaga. Se murió con ella. Las llagas son un problemón, en pleno siglo XXI. Hay colchones de aire que se hinchan y se deshinchan, pero lo principal es irlos moviendo cada dos horas como máximo, estar pendientes... Pues no hay manera. Vale que necesitarían una cantidad de personal impresionante para moverlos tanto a todos, pero lo que hacen es inhumano, eso no puede ser.

Luego, en los hospitales siempre están las típicas señoras que en vez de ir a operarse parece que van al teatro, porque previamente piden cita en la peluquería, se hacen la manicura y la pedicura con las uñas pintadas, por supuesto, se depilan para estar guapas… Y luego las despeinas poniéndoles el gorro, les quitas la laca de uñas porque los cirujanos tienen que ver si están lilas o les pasa bien el oxígeno… Y se quejan porque les ha costado mucho dinero.

Pero son mejores que las que no se lavan nunca. Vemos cada pie por ahí que una no sabe si es un pie o un dinosaurio. Hay gente muy guarra, lo de ducharse cada día lo hace un 30% de la población porque te viene cada olor a vinagreta cuando entras en las habitaciones muy disuasorio.

Me explicaron en el hospital del Mar que llegó un chico que se quería suicidar perforándose el cuello con una Black&Decker. En vez de clavársela, se hizo como una coliflor, se le quedó todo allí revuelto. El médico bromeó:

—Pégate un tiro, chico, no me hagas esto que ahora tengo yo la faena de cosértelo todo y te va a quedar una marca…

No creo que sea bueno decirle algo así, pero es que a veces no te queda más que bromear. Cuando hacía prácticas en quirófanos, a un amigo mío le dijeron: «Sujeta el hígado, ¡pero que no se te escape!». Y se cayó redondo. Y a mí un cardiólogo me hacía operar como instrumentista, poniendo marcapasos externos, y explicaba chistes mientras iba operando:

—Mira, ¿ves? Ahora desconecto —y el corazón se paraba—… Ahora conecto —y *pippippippip*.

Yo temía por la vida del paciente, pero nunca pasaba nada. También he visto operaciones a corazón abierto, con *bypass* y extracorpórea, que es una máquina que saca toda la sangre del cuerpo, la calienta y la oxigena, y vuelve a meterla de nuevo. Todo ello para poder detener el corazón y arreglarlo. Luego le causan un *shock* con unas paletillas internas y el corazón vuelve a bombear, sin más. Lo cosen con alambre y ya está.

La verdad es que Trauma parece una ferretería. En la primera operación a la que asistí, veía darle al paciente con unos martillos enormes de acero, con serruchos, clavos, tornillos... Y a una chica con un tumor en la cabeza —esto es, un hueso que le crecía más de lo normal en la frente— le limaron el hueso y me lo pasaron sin que me enterara hasta que sentí el tacto del polvo óseo directamente en la mano, porque no llevaba guantes. Pero bueno, me lavé y ya está.

A mí me operaron de la vesícula biliar porque tenía piedras y les advertía:

—Eh, ten cuidado que ya sé dónde me estoy metiendo.

Cuando me desperté quise ver mi vesícula y quedarme las piedras, pero no me dejaron porque tenían que analizarlas.

Llama una señora para consultar una duda:

—Estoy en Manresa y se me ha caído el niño de cabeza al suelo, ¿qué hago?, ¿lo llevo o no lo llevo?

—Usted misma —le respondí—, yo, si fuera mi hijo, lo traería por si tiene un trauma cerebral.

La gente es un poco justa de mollera y muy comodona. Lo trajo, le hicimos unos rayos y bien.

También se muere cantidad de gente sola, y no va nadie a buscarlos. He visto casas muy sucias y gente muy humilde que no sé cómo puede vivir así. Sacamos de la cama a una niña deprimida que empezó a pegar patadas. La casa estaba fatal, con los techos bajos, muy oscura, no me extraña que estuviera así esa cría. Hay mucha pobreza, tanto familias como abuelitos o gente sola que vive en la precariedad. En cambio, resulta curioso ver cómo, cuando se muere un gitano, vienen todos, y le tienen una amor y una devoción a la persona impresionante, pero molestan porque están siempre en medio. Me explicaron que en una ocasión ingresó ya tieso el típico abuelo gitano y el médico lo estaba chispando para ver si lo reanimaba pero era imposible. No obstante, la enfermera, que estaba de frente ante todo el clan, le imploró:

—Pepe, haz algo que nos matan.

Estaban todos mirando con cara de pocos amigos. Así que el doctor siguió chispando mientras el abuelillo, que era muy pequeñito, iba rebotando en la camilla. Le pusieron vías, líquidos varios, todo un paripé completo hasta que, al cabo de una hora, les comunicaron que el señor se había muerto y la familia les agradeció:

—Ya vemos que han hecho todo lo que han podido...

El personal respiró aliviado pensando: «Uf, menos mal».

Me he encontrado con testigos de Jehová, que no permiten que hagas transfusiones de sangre a sus familiares. Teníamos a una señora que estaba muy mal, con un hematocrito (la cantidad de glóbulos rojos que hay en la sangre) bajísimo, y al final los convencimos de que se iba a morir si no le daban sangre. Aceptaron, donó la sangre un pariente del mismo grupo sanguíneo, y se salvó.

De vez en cuando ves alguna animalada, como la que presencié en un hospital del que no diré el nombre. Llegó un árabe con un acceso (un grano de pus enorme) en el pubis y se lo abrieron con un catéter sin anestesia. El pobre chillaba como un loco y el médico le ordenaba que se callara como un auténtico nazi. Lo pasó fatal, imagínate que lo tienes todo infectado, te estás revolviendo ahí y después deciden que no está para sacar, te dan dos puntos y te envían a casa. Yo me quedé mirando al médico pensando: «Lo tuyo no es ser médico, mejor vete al ejército»: estaba claro que se ensañaba porque era moro.

Pero en todas partes cuecen habas: en el 061, en Bomberos y en el SEM, a los borrachos, drogadictos, y ese tipo de personas les tienen mogollón de manía, a pesar de que es gente que necesita ayuda igualmente. Es curioso cómo el drogadicto se despierta cuando llegas en plena sobredosis: le pones el Anexate, un antídoto contra la heroína, y se levanta de golpe como la niña de *El Exorcista.* Existe cierto peligro porque le has quitado su dosis de placer y te puede pegar una leche sin remordimiento alguno. Pero en general se asiste muy bien a los heridos.

Me acuerdo de un chico que se dio una torta en moto, le saltó el casco y estaba allí todo rodeado de gente, superagitado. Le cojo la pierna, le corto el tejano y tenía la tibia salida, y se la tuvimos que recolocar estirando del pie mientras el bombero se la vendaba. La gente se iba cayendo desmayada por la impresión. Además, el pobre tenía un traumatismo cranoencefálico, estaba grave.

Una noche nos llamaron de una casa muy humilde porque un señor se había quedado viendo la tele y no respondía. Fuimos con el «chispas», el desfibrilador que sirve para reanimar el corazón. Íbamos la enfermera de los Bomberos, un bombero de refuerzo y yo. Lo bajamos al suelo, empecé a hacerle el masaje cardíaco, que cansa muchísimo si lo haces bien, y el bombero iba dándole aire con el ambú (una bolsa con aire que sirve como el boca a boca). Lo chispamos con el desfibrilador y nos dijeron que estaba así desde hacía casi una hora, o sea, que estaba más muerto que una momia. La sorpresa vino cuando le llevamos a la cama entre el bombero y yo y al incorporarlo soltó un eructo. El bombero creyó que estaba vivo, tuve que calmarlo porque había eructado el mismo aire que le había insuflado él con el ambú. Pero el susto no se lo quitó nadie.

Me explicaron un caso que es el más espectacular que he oído. El plano es: un rascacielos que estaba junto a un campo de fútbol con una calle muy ancha entre ambos. Una niña se tiró desde unos veinte pisos y en vez de caer hacia abajo, en vertical, empezó a sobrevolar la calle, le dio a una valla de carretera con la cabeza, con la misma que se llevó unas cuantas sillas de la gradería y, finalmente, cayó en medio del campo. Cuando llamaron al 061 para avisar de un precipitado, pensaron que estaba muerta, pero no sólo estaba viva, sino además consciente. Lo tenía todo roto salvo la cabeza, sin abrir ni nada, y la médula espinal, intacta, pero le ponían una vía por un lado del brazo y le salía por otro. En el hospital de Sant Pau no se lo creían, pero sabían que se pasaría años en la UCI.

Con los bomberos nos tocó otra que se había caído en un hoyo de unas obras a las cuatro de la madrugada. Estaba caminando y cayó a unos ocho metros de profundidad. Si bien, cuando la rescataron mediante una intervención espectacular, con el colchón de aire, con ideas de bombero, que son muy buenas, sólo se había roto la nariz y una vértebra. Era para rompérselo todo, pero hay gente que rebota (yo les llamo «pelotas»).

Me impresionó muchísimo una accidente de tráfico que me explicó una bombera. Un chaval joven se había salido de la carretera y había ido por una ladera donde había árboles, con tan mala pata que la puerta del conductor fue a encallarse en un tronco y no la podía abrir. Y explotó el coche. Se lo encontraron carbonizado, con la mano en la puerta en un intento de abrirla. Al parecer se le pegó el cinturón de seguridad y no podía moverse para tratar de salir por la del copiloto.

En el 061 vi por primera vez un paro cardíaco debido a que la señora, de treinta y pico años, se asustó y se puso muy nerviosa porque su hija se había quedado encerrada en un ascensor. Fuimos, le pusieron una vía femoral, la chisparon, la entubaron... y se quedó en el sitio sólo por el susto. Eso me impactó mucho, cuando me metí en la ambulancia con el médico tenía un tembleque horroroso, y él me recomendó: «Mirar, aprender y soportar, aprender de lo que han hecho para salvarla y superarlo».

Me explicaron un caso de un niño de 8 años que llamó al 061 porque su madre se sentía muy mal y al llegar encontraron a una mujer superobesa completamente pálida, echando sangre por la boca y por la vagina. Llevaba meses así, hasta que su hijo se hartó. Tuvieron que convencer a la madre para que se dejara poner una vía inmediatamente con suero porque se estaba muriendo pero no quería que se la pusieran: no porque quisiera morirse, sino porque no creía estar enferma; pensaba que eso era normal. Estaba un poco ida. La llevaron al hospital a ponerle sangre a raudales y se salvó, gracias a su hijo, claro.

***C. D.***

*Enfermera catalana que ha trabajado en un gran hospital barcelonés, en distintas especialidades, desde cirugía general, pasando por urología, por Rayos X, por ginecología y por psiquiatría.*

Cuando empecé a trabajar —muy jovencita porque todavía no había terminado de estudiar y entré como auxiliar en Cirugía General— la monja titular, que era muy mayor, me dijo que me fuese al 44, donde estaba un chico al que iban a operar de apendicitis y había que ponerle una lavativa. Así que voy y se lo explico, conmino al señor de al lado a que aproveche para darse una vueltecita de modo que disfrute de más intimidad y el chaval asiente acongojado. Doy tiempo a que el señor se vaya y cuando vuelvo con el aparatito para hacerle la lavativa, ¡el joven se había escondido en el armario muerto de miedo y de vergüenza de pensar que una chiquilla le tenía que poner una lavativa! No pude ponérsela, tuvo que ir la otra más mayor porque se negaba a que yo le viera el culo por nada del mundo.

Otro señor me hizo lo mismo pero éste sí era mayor. Le habían operado de apendicitis o de hernia y el cirujano nos dijo que si se quejaba mucho le pusiéramos un calmante en supositorio. A lo que mi compañera me dice:

—Ve tú a ponérselo pues a éste, como es mayor, no le dará vergüenza.

No, qué va, peor, el señor me pidió que apagara la luz porque yo era muy joven y no podía verle el culo. Le objeté que a oscuras no podría y como tampoco quería que viniera la monja mayor, se las apañó para dejarme las sábanas de forma que no le viera nada más, todo su afán era que no le viera más que *lo justico* para introducirle el supositorio. Pero peor lo pasé yo, que tuve que estar todo el tiempo aguantándome la risa. El pobre hombre se disculpaba:

—Hija, lo siento, pero compréndelo, es que podrías ser mi hija o mi nieta...

Y yo le entendía, claro.

Luego nos llegó el típico señor que vino al digestólogo y, teniendo en cuenta que tenía mal el estómago, le recetó unos supositorios cada veinticuatro horas. Cuando salió afuera me preguntó por dónde se los tenía que poner.

—Por el ano —le contesté yo, obviamente.

—¿Y cuál es el ano?

—El culito.

—¿El culito?

—Sí, sí, por el culito, recuerde que es uno cada veinticuatro horas.

... Al día siguiente se presentó con un dolor de estómago terrible porque se había comido los supositorios.

Recuerdo que el doctor Masferrer, que era muy creyente, iba todos los sábados y domingos a misa con su familia y luego la dejaba esperando en el despacho o dando una vuelta mientras él se entregaba por completo a sus pacientes. Durante toda la mañana les atendía como no había podido hacer durante toda la semana. Siempre nos decía que suministráramos al paciente los menos calmantes posibles: el paciente se tiene que mover, no hay que dejarle paralizado, ha de darse cuenta de que le han hecho una operación. Además, la enfermera debe tener la suficiente habilidad para convencerle de que el dolor va unido a la intervención y la recuperación y de que, aunque él se mueva, ella estaría allí para controlar que sus órganos no se desplazasen, que no tosiera para sacar las flemas que se quedan atascadas por la anestesia... En esto insistía mucho el doctor Masferrer, que me enseñó todo lo que sé.

En aquellos tiempos, los enfermos, sobre todo cuando se les operaba, llamaban a los timbres y nos asomábamos a ver de qué habitación era. Se quejaban mucho principalmente por las noches, y él, en lugar de los calmantes, nos recomendaba:

—Lo primero que tenéis que hacer es cambiarlo de ropa, porque sudan mucho, y darle una buena friega de colonia o de agua con jabón, le dejas guapo, le lavas la carita, que se sienta fresquito. Estás un poquito sentada con él y le coges las manos, la que puedas, y cuando él se relaja, se queda frito y ya no tienes paciente, es como un niño.

Normalmente, la gente, que en los hospitales se ve muy sola, a las enfermeras nos ve como un ángel, muchos llegan a enamorarse de nosotras, incluso los acompañantes... Por eso confía en ti a ciegas si le dices que le dejas la puerta abierta, que no se preocupe que no le va a pasar nada, que tú vas a pasar a vigilarlo y que estarás al tanto de todo. Nosotras, en una planta de la 22 a la 46 con dos pacientes por habitación, era como si tuviéramos niños: salvo los que estaban ya muy graves, no nos daban guerra. Entrabas con una linterna hasta la cabecera del paciente, mirabas y oías si dormía o no. Por lo general, se enteraban, pero luego te decían:

—Esta noche te he oído, no te he dicho nada porque sabía que me estabas vigilando y me sentía tan a gusto...

Éste es el amor que ellos te dan, y lo que te enseñan. Se crea como un vínculo por el que ellos no quieren romper su tranquilidad y tú la respetas, pero luego te dan las gracias. Ciertamente, el enfermo es muy agradecido, y si le das confianza, le mandas rodar asegurándoles que se van a poner buenos y son capaces de subirse al Tibidabo y bajar dando vueltas convencido de que se va a curar. Yo siempre digo que al paciente le tolero todo, y al acompañante entre comillas, porque muchas veces éstos, cuando van a visitarlo, lo único que hacen es ponerle nervioso; es más, le trasmiten no sé si negatividad o nerviosismo, quizás porque la persona que está postrada en la cama, dependiendo de la enfermedad que padezca, está muy receptiva y susceptible, lo capta todo, hasta las miradas y las dudas. Si dudas al mencionar alguna palabra, se mosquea: «¿Me estás engañando? Porque ibas a decir algo que no era lo que me has dicho...». Como no tienen otra cosa que hacer, están estudiando todos tus movimientos y te preguntan mucho.

Al trabajar en medicina general los pacientes enseñan mucho, te dan mucho amor aunque no se crea, y al pasarme a Psiquiatría fui comprobando que muchas de las cosas que aprendí son verdad. El paciente te da más de lo que recibe, aunque digamos lo contrario, aunque sean cascarrabias y pesados (y es verdad que a veces se hacen pesados). Yo en su lugar no sé cómo actuaría, como le advertí a un médico una vez cuando le oí quejarse de lo pesada que era la enfermedad de su madre:

—Cuando usted esté en la silla de enfrente, se dará cuenta de lo que el paciente le estaba pidiendo y lo valorará de otra manera.

En planta, tuvimos ingresado durante muchos meses a un enfermo al que llamaba el Periquito porque le encantaban los pajaritos. A su señora, que se quedaba a dormir en un sillón porque las pensiones eran muy caras para una gente que trabajaba el campo, la dejábamos entrar a nuestro cuarto de baño para que se lavara dado que vivían en Palamós y le iba fatal ir y volver cada día, pese a que tenía allá a sus tres hijos. Él sufrió mucho porque se le hicieron muchas úlceras y abscesos en la barriga, le tuvieron que abrir, ponerle muchos drenajes y movérselos, con lo que eso duele… Y a pesar de eso confiaban en nosotras —«Yo sé que me hacéis daño pero luego me quedo bien»—. El Periquito se fue al cielo, pero quedó una maravillosa relación posterior con sus hijos y con ella, que murió al cabo de muchos años de un infarto.

Yo creo que los pacientes nos quieren más de lo que merecemos. Y es precioso que años más tarde te recuerden que cuando estaban enfermos les calmabas: «Cuando te encuentres mal piensa en mí, que yo estaré ahí». Eso me sucedió con un paciente de 19 años que necesitaba una transfusión de sangre porque vino con una hemorragia de estómago y el médico se la hizo sin dilación. Pero cuando se enteraron sus padres, que eran testigos de

Jehová, desaparecieron. El pobre sufría porque ellos no venían. Yo le afianzaba:

—Tú no te preocupes, que vendrán, lo que pasa es que ahora han cogido una perra, como un niño que patalea... Cuando te encuentres solo y no venga gente, piensa en mí, escribe cosas, lo que te pase por la cabeza.

Le dieron el alta y sus padres no habían venido, pero le he visto en alguna otra ocasión y él me ha confesado que se acordaba mucho de lo que vivió en el hospital:

—Cuando desperté y vi que estabais allí Mariví, el médico y tú, pensé que erais ángeles porque no había nadie más pero vosotros me trasmitíais la seguridad de que me pondría bien.

En cambio me han comentado que hay enfermeras que irradian mucho nerviosismo y que no se dejan tocar. Yo creo que la enfermera tiene que hacerse por vocación, porque si no, no puede hacer felices a los enfermos ni será feliz ella tampoco. Me considero una privilegiada porque la gente me quiere mucho y me da mucho, y gracias a ellos yo me realizo como enfermera y luego puedo dar más, porque si no tengo, qué voy a dar. Es verdad que hay pacientes que son verdaderos vampiros, pero por lo general les puedes hacer felices con tan sólo curarles una herida sin importarte que ya se haya acabado tu turno porque ellos se dan cuenta y te lo agradecen. O bien cuando te llama alguien por teléfono angustiado y le recomiendas lo que puede hacer porque es imposible darle cita para ese día pero le dejas claro que si no le surte efecto y sigue sintiéndose mal te puede volver a llamar sin problemas o venir a Urgencias. Probablemente no te llama de nuevo porque lo ha solucionado, pero al menos se queda con la seguridad de que estás ahí disponible.

Me da mucha pena ver que ahora está todo tan burocratizado que cuando el paciente llega a la consulta ha hecho las cuarenta millas y viene cabreadísimo, te echa la bronca, y sólo te queda pensar que aquí no vienen a comprarse un vestido, vienen porque están mal y, por tanto, a la primera que enganchen por banda es a la que le va a caer el chorrero. Pero te aseguro que desmontar a un paciente nervioso es sencillísimo: le miras, le escuchas y cuando ha terminado, le inquieres: «Oiga, ¿y yo a usted qué le he hecho?, ¿nos hemos visto alguna vez?». Y se quedan sin palabras. Vale mucho más una sonrisa que una palabra, así que hay que tener cuidado con cualquier mal gesto de la cara porque les puede hacer mucho daño y podrías perder su confianza. No se deben hacer desprecios ni siquiera cuando te ofrecen un detalle porque te han cogido cariño o en señal de agradecimiento. Yo no quería aceptarlo, pero el doctor Masferrer me dijo que aunque me dieran un céntimo, lo cogiera pues ellos lo hacen porque no saben cómo pagarte, y como no pueden besarte ni abrazarte, te ofrecen un regalo, sea una butifarra de su pueblo o un ramo de flores.

Tuve un abuelito del Prat que me traía cada Sant Jordi un ramo de rosas y hasta después de morir, me lo traía su mujer cada año; pero no te lo pierdas: murió la mujer y aún hoy me lo traen su nuera y su hijo. Este señor fue para mí muy especial, supongo que porque lo tuvimos siete meses ingresado por culpa de un mal feo (un cáncer) de colón, le habían hecho una amputación. Era un hombre encantador, siempre decía que no había gente mala sino gente equivocada, pero yo ya a mis 19 añitos creía que él a sus setenta y tantos no tenía razón. Se sentaba en el pasillo y me sonreía porque pensaba que si me hablaba, me hacía perder el tiempo. Cuando me pedía algo, siempre añadía: «Cuando puedas». Y si no quería comer porque la dieta que llevaba era muy poco atractiva, él te argumentaba que no tenía apetito, pero yo me iba a buscarle unas albóndigas con tomate y lo recuperaba rápido: no podía comerlas pero, sinceramente, se iba a morir de todos modos. Los médicos te dicen que llegados a ese punto hay que darles ciertos gustos de vez en cuando, porque el amor cura. Por todo ello, cada día antes de marcharme, iba a la habitación y me despedía: «Hasta mañana, señor Marimón». Hasta que un martes fui a despedirme hasta el jueves porque el miércoles libraba, y me contestó:

—No lo creo, el jueves no nos veremos.

—¿Que le han dado el alta?

—No, pero a lo mejor me la cojo yo.

—Bueno, pues de todos modos, como sé su número de teléfono, ya lo llamaré para ver qué tal está.

Cuando llegué el jueves, se había ido, pero no a su casa. Había muerto. Me quedé muy sorprendida por la lucidez de pensar que no nos íbamos a ver porque él no estaba ni mejor ni peor de lo que había estado: estaba estable. Algunas personas me han dado ejemplo a la hora de morir, al mirarte con aquella paz y serenidad, conscientes o no de que va llegando su hora, eso no lo sé.

Una muy fuerte fue cuando se nos murió un hombre que habían operado a vida o muerte con tan mala suerte que vivió unas horas pero estaba clínicamente muerto. El médico les dijo a los familiares que, para que no tuvieran que pagar el traslado hasta su pueblo, que estaba en Castellón y salía carísimo hace veinte años, simularía que partía vivo del hospital desde Barcelona y lo mandaría en una ambulancia para que el médico del pueblo firmara la defunción. Les recomendó que se fueran yendo en su coche para el pueblo a esperar el cadáver porque en cuanto su padre empezara a agonizar, nosotros organizaríamos todo. El problema fue que el historial estaba en el quirófano, que quedaba cerrado por la noche, y nosotros sólo sabíamos que era de Castellón, pero no teníamos ni el teléfono de los familiares ni el nombre del pueblo. O sea, no podíamos hacer nada con el cadáver más que esperar a que nos llamaran reclamándolo. A las seis de la mañana llamaron y les tuvimos que explicar el percal. El muerto estaba *remuerto* después de pasar toda la noche en la cama con su pijamita y todo que lo teníamos, haciendo el paripé de que llevaba el suero puesto… y los dos de la ambulancia con él, sin poder parar en ningún sitio ni para comer y temerosos de sufrir un accidente y que les saliera zumbando para rematar la faena.

Ves morir a mucha gente, y te sigue afectando, cada paciente es un mundo y da mucha pena que se vayan. Con una señora que tenía un cáncer de mama y le tuvieron que amputar ambos pechos lo pasamos fatal todos porque lo sufrimos con su marido, que estaba enamoradísimo de ella y le decía: «¿Qué va a ser de mí sin ti?». Era como una plantita que respiraba por las hojas de ella. Le daba igual que se quedara en una silla, sólo quería tenerla con él, para cuidarla. «Así la querré más», pensaba. Cada sábado nos traía una rosa a ella y a las enfermeras, le llamábamos «el hombre de las rosas». Tuve la desgracia de que se me murió a mí y sólo de verle a él desgarrado del dolor, arrodillado junto a ella, suplicando que no se fuera… Al cabo de unos años vino a presentarnos a una novia de la que se había enamorado para que viera a las enfermeras y al médico que habían cuidado a su anterior esposa, de hecho, ella misma decía que no la conocía pero que era como si la conociera de toda la vida, porque él se lo había contado todo. Al parecer empezaron siendo amigos, por eso se desahogaba con ella, y al final se dieron cuenta de que estaban enamorados y luego tuvieron dos niños, que también nos trajeron.

Tuvimos a otro señor, con un mal feo de próstata muy avanzado, al que le estaban dando quimio y radioterapia. Él, desde el primer momento, supo que no iba a salir, pero estaba muy mal y el oncólogo le recomendó que acudiera a Psiquiatría. Un día su mujer vino a verme desesperada porque tenía que arreglar unos papeles con su ambulatorio y le dije que no se preocupara que se lo arreglaría yo: cuando salió de la consulta ya se lo había organizado todo. Al día siguiente acudió a traerme la documentación necesaria y me halagó:

—Tú y yo no nos conocemos de nada pero es como si nos conociéramos de toda la vida. Cuando ayer te cogí de la cintura, es como si me hubiera atravesado una garrampa y me diste una inyección de ánimo.

Un día el enfermo le preguntó al doctor cuánto tiempo iba a vivir y él salió por peteneras argumentando que no era adivino, que su función era curarle pero nadie sabía cuándo iba a llegar su hora. Después de esa conversación vino a contarme que había decidido no tomar nada de medicación, ni seguir el tratamiento de quimio ni nada, y en su lugar, marcharse dos meses sabáticos a Cambrils, por lo que venía a despedirse, por lo que pudiera pasar. Durante el mes de julio le llamé alguna vez y estaba bien, pero en agosto se me acercó un chico para decirme que su padre estaba en coma ingresado. Cuando fui a verle me encontré a la mujer y la hija, embarazadísima y a punto de parir, y las relevé mientras se iban a comer. Horas más tarde se puso la hija de parto, se la llevan a la Quirón porque no era socia de la Alianza y cuando el niño nació, murió él. En concreto, el bebé nació a las 2 y él murió a las 2:30. Su esposa tuvo el tiempo justo de venir y anunciarle: «Tenemos un nieto», y él dejó de respirar.

Yo creo que los enfermos moribundos son mucho más conscientes de lo que pensamos. Incluso cuando están sedados o en coma son sensibles al tacto y probablemente oyen. Me quedó claro estando en Rayos X, pues a un señor le pusieron un contraste y vomitó a más no poder. Cuando se puso bien y pude salir, le pregunté a su esposa qué le había dado de comer y me dijo que un huevo, que era lo único que podían comer antes de hacerse la pilografía. Les hice la broma de que parecía que se había tomado una docena y me fui. Al cabo del tiempo estaba pasando visita por la tarde y salí a llamar a un paciente cuando, de repente, veo al fondo al «hombre de los huevos». Y así que lo grité en medio de la sala llena de gente, porque me hizo mucha ilusión ver que había salido bien. Tanto con su mujer como con él quedó una relación muy buena, tanto es así que un día vino a avisarme ella de que él estaba en Cuidados Intensivos con una oclusión intestinal de la que no sabían si saldría. Me pasé a visitarlo fuera de horas de visita y estaba quieto, supuestamente inconsciente. Le cogí la mano y le empecé a hablar:

—Hola, soy Cecilia, venía a consultarte porque la Dolores me ha comentado que va a romper la hucha para comprarte un regalo ya que, como ahora estás enfermo y no puedes trabajar, quiere darte una sorpresa cuando salgas.

A todo esto, el aparatito que tenía allá iba subiendo y bajando, vi que se ponía nervioso, y aquello empezó a emitir pitidos, como que estaba despertando. Las enfermeras alucinaron porque acababa de estar su familia y no había hecho nada. Les conté lo que estaba haciendo y le comenté a él:

—Mira, si te pongo nervioso, me lo dices y yo me voy y vuelvo mañana.

El aparato quieto. Las enfermeras me pidieron que siguiera hablando.

—¿Qué le digo a la Dolores?, ¿que rompa la hucha o esperamos a que salgas?

Me tuve que marchar, porque pensaba que el aparato se rompía. Y en cuanto salí, dejó de pitar. Ellas informaron al doctor de que oía perfectamente y de que dependiendo de la persona que hubiera, le estimulaba o no le estimulaba. Yo le describí a la mujer el episodio. Y ella coincidió conmigo en que cuando entraba, también oscilaba el aparato, pero no le pitaba. El hijo nos soltó que estábamos locas, que su padre no veía, ni sentía ni oía porque era un vegetal, pero el doctor me pidió que volviera a repetir lo que había hecho para comprobar si oía o no.

—Cuando salgas, podemos irnos un día de viaje por ahí con la Dolores, a Teruel, donde tenéis la casita... ¿Y no te reías de que yo te llamara «el hombre de los huevos»? Pues me lo tienes que demostrar, ¿eh?

El aparato empezó a pitar de nuevo y descubrimos que era porque se estaba riendo en su cabeza y el corazón se le aceleraba. El médico predijo que siendo así, estaba salvado. Y efectivamente, vivo está. Habría vuelto a la vida igual, pero quizás hubieran tardado más en darse cuenta de que lo sentía todo, y la diferencia es abismal entre saber que alguien está oyendo y no saberlo y entrar lamentándote, llorando, con lo cual, lo mejor ante la duda es hablarles del futuro, de cosas bonitas que podrán hacer cuando se recuperen, darles ánimos, mostrarse optimista con respecto a su recuperación...

También en Rayos X, antes de hacerse una pilografía para mirar el riñón, antiguamente se ponían lavativas, tomándose un litro y medio de agua con un chorrito de aceite por la noche y otro por la mañana. Así se lo advertí a una paciente y al día siguiente por la mañana acudió la señora con un dolor de estómago terrible, que se había pasado todo el día anterior yendo al lavabo, con ganas de vomitar y todo.

—¿Se ha puesto bien la lavativa? —le pregunta el médico.

—Hombre si me la he puesto bien, no os podéis imaginar lo limpia que debo de estar —contestó ella.

—Pero si se la ha tomado bien no tendría por qué encontrarse tan mal...

—Pues no me diga que no me lo he tomado o que estoy sucia porque me he tomado litro y medio por la noche y litro y medio por la mañana y encima he puesto un poquito de jabón.

Se lo había tomado.

A un señor le pusimos una inyección de yodo que le añadíamos como contraste para ver el riñón. El pobre era alérgico al yodo, se nos ahogaba, y se nos puso tan mal que llamé al médico de Rayos X para comunicárselo y me gritó:

—¡Cecilia, corre, llama a un médico!

Vino un señor a que le hiciéramos una radiografía derivado desde Urgencias por el cirujano. Cuál sería nuestra sorpresa cuando vimos dos botellas de Moritz de dos quintos introducidas en el recto, de manera que la boquilla de la primera pegaba con el culo de la última insertada. Se la conseguimos sacar en la operación, pero reincidió metiéndose dos berenjenas y entonces se hizo una perforación debido a los pinchitos de la parte verde de las mismas... y murió.

Por lo general no tienen tan mala suerte: a veces vienen mujeres con botellas que les han hecho vacío, y con una simple perforación se les puede extraer. En otras ocasiones la cosa se complica, como aquella vez que vino una mujer lamentándose de que le olía muy mal la vagina. Le preguntamos si se había dejado el tampón dentro y negó la posibilidad. El ginecólogo le pone el espéculo y me dice:

—Mira.

—Uf, qué color más feo de útero, ¿no?

Coge el histerómetro que tiene como un filamento de metal y al final encuentra un tope. Lo vuelve a introducir y suena algo duro. Conseguimos extraérselo con unas pinzas de garfio y alucinamos al toparnos con un tapón de plástico de esos de los botes de espuma para el pelo que, al metérselo al revés, le había hecho ventosa.

—Tanto que lo he buscado yo —decía ella—: Sería lavándome en el bidé que se me habrá metido adentro solo…

En Rayos X, a las mujeres les pedía que salieran con el viso o, si no llevaban, les dejaba un ponchito para taparse, apagábamos la luz, se bajaban el poncho, hacíamos la radiografía, se tapaban y se marchaban. Pero la gracia fue cuando nos vino un chico guapísimo a hacerse una radiografía de tórax y, lógicamente, le pedí que se quitara la ropa de cintura para arriba y le dije que pasara a la cabina 1 y cuando miré por la ventanita me encontré con una mujer con los pechos al aire. Pensé que habíamos metido la pata y me habían puesto el nombre de un varón en lugar del de una mujer. Para asegurarnos de que no me había equivocado, quedé con el médico en que entraría él y le preguntaría el nombre:

—Mira, que Cecilia ha salido un momentito y te voy a hacer yo la radiografía para que no esperes más, ¿me puedes decir tu nombre, no vaya a ponerte el de otra persona?

Y le dijo un nombre de chico, pero es que tenía unas tetas… Era travesti, un hombre con un cuerpo escultural, guapísimo, y con unos pechos de mujer preciosos, sólo que detrás del traje yo no se los podía adivinar.

Por el contrario, en Ginecología tuve a una chica que era físicamente un hombre: la operaron para quitarle los testículos y el pene y le hicieron una vagina. Eso fue muy gracioso porque los dos ginecólogos eran a cual más perfeccionista y moralista y decidieron ir a un *sex shop* a comprar un pene artificial para moldear una vagina a medida. Al final le tocó ir al doctor Crivillé, un hombre que iba siempre impecable, con su traje, muy corpulento, sus ojos azules… Y volvió con el pene artificial en una cajita pero contando que lo había pasado fatal porque la dependienta era una pechugona muy exuberante que le tomó por un obseso y él tuvo que aclarar la situación:

—Mire, señora, a mí me gustan mucho las mujeres, y no vengo por lo que usted cree. A mí, por ahí, solamente los supositorios, y no siempre. Yo soy médico y me ha tocado venir a buscar un pene que mida unos dos dedos.

Y allí estuvieron los dos desesperados buscando el pene adecuado. Mi marido no creía que eso fuera algo natural, hasta que ella vino a visitarme un día que me operaron y él me preguntó:

—¿Quién es esta chica tan guapa?

—Pues era un chico, sólo que ella siempre se ha sentido mujer.

En Psiquiatría tuvimos otro caso de un chico joven al que estuvieron medicando porque la primera vez que fue a consumar el acto sexual con su novia se le apareció Jesucristo, se trastocó mentalmente y salió corriendo. Lo trajeron a Urgencias fatal, se quedó en blanco, fue un *shock* tremendo. Estuvo un año en consulta, tratando de entender aquello, hasta que conoció a un sacerdote en unas excursiones a las que iba de una parroquia, le contó lo que le pasaba y el cura le aclaró que su problema no era Jesucristo ni su novia ni el sexo, sino simplemente que no le gustaban las mujeres, y por mucho que quisiera a su novia, no podía desearla, porque la veía como a una hermana. Cuando vino y lo explicó, su padre le echó de casa, pero al final acabó volviendo todo a su cauce. Lo peor es que él se niega a salir con hombres, pero el sexo con las mujeres le asusta.

En una ocasión, operaron a un cura de un mal feo de recto y le hicieron una amputación y cada vez que íbamos a curarlo se nos tapaba hasta arriba y no había manera de destaparlo, y yo me di cuenta de que era por mi presencia. Como nosotras teníamos que curarle por todos los medios, decidí salirme en el momento clave; pero tampoco podía cargar a mi compañera siempre, por lo que al cuarto día concluí que aquello se tenía que acabar. Entré en la habitación yo sola y le avisé:

—Vengo sola a curarle, padre.

—¿Tú? Yo no quiero que me cures tú.

—A ver, yo quiero aclarar una cosa. ¿Es por vergüenza, es porque me ve muy joven o es porque tiene desconfianza?

—No, es porque es usted muy joven.

—Sí, pero yo ya soy enfermera, tengo que curarle, a menos que se lo haga mal, usted no puede negarse.

—Es que yo, cuando te veo a ti, no sé lo que me pasa.

—¿Le puedo coger la mano? Mire, yo siento mucho que usted me vea no sé cómo, pero créame que yo no soy un pecado, ni el demonio en persona, no soy la que le hace pensar mal ni pasar vergüenza. Aunque usted no se lo crea, no nació de una col, sino de una mujer que tuvo relaciones sexuales. ¿Y verdad que usted a su madre la adora?, pues usted hágase a la idea de que soy su hermana pequeña.

Me hacía mucha gracia porque mi compañera después se hacía cruces de que ya no protestara, mas yo no se lo expliqué, quedó como un secreto entre él y yo.

Otro episodio con el clero nos ocurrió en Cirugía, porque vino un cura que se había tragado un hueso de pollo y yo no sé por qué, pero me dio un ataque de risa y no podía parar de reírme, delante de él, que me reprochaba que le estaba faltando al respeto. Me tuve que salir de la habitación y la monja asombrada ante mi ataque de histeria. Luego me tocó pedir perdón, porque además estaba en la planta del hospital a la que nos mandaban a mucha gente importante recomendada por los directores del centro, familiares de personalidades de la Generalitat y demás.

Y en el piso de arriba residían las monjas, con quienes teníamos a menudo problemas porque no podíamos entrar a las habitaciones si tenían la toca puesta. Llevaban unos camisones hasta las uñas de los pies que se les juntaban con la toca. La cura era muy complicada porque no las podías destapar, pero depende de dónde tuvieran la operación o la herida, por ejemplo, en el estómago, había que subirles el camisón inevitablemente. Pues bien, a diario, a las seis de la mañana se levantaban para ir a misa, y un día se nos puso mala una monja casualmente a las 6:30 y nos empezó a llamar a timbrazos. Nosotras nos debatimos entre pasar o no, y la pobre estaba fatal, hubo que llamar al médico de urgencia y todo. Cuando pasaron con la comunión, como era práctica habitual, les impedimos el paso porque la teníamos entubada. Y no veas cómo se puso la madre superiora al enterarse de que habíamos entrado a la habitación pese a la prohibición. Yo me encaré:

—Hermana, Dios es Dios, pero no ha venido a entubar a la hermana Petra que se estaba ahogando; mientras yo me voy a buscarla a usted a la iglesia, la hermana Petra se podía haber muerto. ¿qué quería Dios, que viviera o que la dejáramos morir? No confundamos la necesidad de curar enfermedades con la prohibición de entrar porque esté con la toca puesta o deje de estarlo.

Mas hay que reconocer que no sólo las monjas tienen su pudor: muchas veces nos olvidamos de que a la gente le da vergüenza que se le vean sus partes íntimas. Igual estás hablando con una compañera o con la paciente misma y no te das cuenta de que está enseñando sus teticas, o la tienes un poco destapada del pubis... Pero mira, si está el paciente y la enfermera sola, vale, lo que ocurre es que a veces están los familiares presentes. De ahí que muchas veces les roguemos que salgan todos, aunque no lo entiendan, porque cuando le das la vuelta al enfermo se le puede ir la sábana y vérsele el culito, las piernas... Nosotras intentamos cruzarle la sábana para que aunque se le vean las piernas, no se descubran otras cosas.

En Urología no pude estar mucho tiempo porque la gente no se dejaba mirar, les parecía muy jovencita, a mis 22 años. Los jóvenes, por jóvenes, y los mayores porque les recordaba a su nieta. Estuve una semana, ya que por la noche hay menos personal y si encima los pacientes se negaban a que les atendiera yo, les sobrecargaba mucho de trabajo a mis compañeros, pues me pasaba la noche llamándolos. Con las mujeres no había tanto problema al ser de mujer a mujer, salvo los casos de obesas con mucho pecho y mucha carne en el pubis, que sentían mucha vergüenza, pero es que teníamos que manejarlas entre dos y untarles pomada debajo del pecho porque con el contacto con la tripa se les hacían muchas llagas. Y entre las piernas era un trabajazo, nos veíamos negras para poderlas lavar, por la cantidad de carne que les caía encima.

Si bien, por lo general, el hombre suele ser mucho más pudoroso que la mujer, no se acepta a sí mismo y tiene muchos más complejos. Especialmente los enfermos de hidrocele (inflamación de líquido acuoso en los testículos). Sin embargo, teníamos a un enfermo que en cuanto entraba la monja del turno de noche salía de la cama sin pijama y se ponía a pasear por la habitación. La monja estaba desesperada y no quería entrar sola, esperaba a que viniéramos nosotras a las seis de la mañana para arreglarle todo. La imagen era para verla, los testículos muy hinchados, el pene y la sonda encima colgando. Un día hablamos con él y le explicamos que tenía a la hermana aterrorizada:

—Hágase una idea: ella entra con sus hábitos marrones hasta los pies, la toca, la bata, el delantal blanco... y usted se levanta con todas sus cositas al aire...

—No, hija, yo no lo hago para enseñarle nada, me levanto sin más; es ella que no me quiere ver.

—Hombre, es que no es muy agradable, a ella le daría más gozo que se pusiera su pijamita y luciera su tipo serrano que enseñándole eso como lo tiene, inflamado, con el gusanito arrugado y encima con la sonda puesta, parece un gusanito encima de una manzana.

—Ah, ¿sí, hija, eso parece?

—No, no parece; es así.

—¡Pues entonces no me lo vuelve a ver nunca más!

Igualmente, los pacientes van con mucho cuidado de no tocarte nada. Incluso cuando les tienes que coger para llevarlos a algún sitio o levantarles de la cama, les pides que se cojan y van pendientes de no rozarte un pecho o así, y ves cómo se van separando de tu cuerpo. No sé si es porque te cogen mucho respeto o porque no quieren que pienses que son frívolos, o que tienen malos pensamientos. Sólo un ganadero que nos ingresó por un infarto directo desde el pueblo aún con el olor a vaca impregnado nos metía mano de tal manera que no se libraba ni la monja. Pero la verdad es que estaba desorientado, muy trastocado, y no se enteraba de nada, cuando lo arreglábamos tirado en la cama boca arriba no hacía más que taparse con las manitas sus partes íntimas, pero cuando le dábamos la vuelta para lavarle por detrás, empezaba a tocarnos el culo y todo lo que encontraba a su alcance. Y lo peor es que luego se lo contamos y se sentía fatal porque decía que él jamás haría eso consciente. Quitando a este pobre, en doce años que estuve con pacientes encamados, ninguno dio ni la menor señal de ser un fresco, todos eran realmente respetuosos. Quizás por eso es lo que más me ha gustado siempre, a pesar de que ya llevo años sin trabajar en planta hospitalaria.

Me cambié por circunstancias, porque tuve una peritonitis, estuve muy grave pero volví a trabajar antes de recuperarme del todo y el doctor Masferrer me dijo que no podía hacer esfuerzos físicos propios de un hospital de aquellos tiempos como levantar a los pacientes a pulso, echándotelo todo a la espalda... En mi planta de cirugía cardíaca teníamos enfermos muy delicados, así que me cambiaron a Rayos X, donde lo máximo que hacías era coger una placa. Pero tuve que dejarlo por culpa de una dermatitis que surgió por contacto con los líquidos reveladores de las placas. Entonces me metieron en Ginecología, inicialmente contra mi voluntad, aunque luego llegué a ser una enamorada de «mis mujeres», porque además estuve en Esterilidad, y ahí tienes mucha comunión con la pareja, hay una relación de complicidad porque les has de decir cuándo han de tener relaciones y venir al día siguiente dado que dentro del cuello uterino quedan los espermatozoides. El médico con una jeringuilla extrae flujo de la mujer y ve si hay o no espermatozoides o si están muertos, y mira la cantidad que produce, si llegan hasta el útero o se quedan en el camino... El doctor era muy delicado pero muy tímido por lo que, en vez de decirle a la pareja que tuviera relaciones sexuales, les decía que «hicieran uso del matrimonio» tal día y el día siguiente vinieran a consulta. Un día a mí, supongo que de la confianza misma, se me ocurrió soltarle:

—Ay, doctor, no haga tanto uso del matrimonio que lo va a desgastar.

La verdad es que con ese ginecólogo teníamos una confianza tal que un día me fui a hacer pipí y, como no me encontraba, se fue al baño y empezó a preguntarme desde fuera:

—Cecilia, ¿estás ahí?

—Sí, sí.

—Ah, pues haz, haz, que no te molesto.

—A ver, doctor, ¿es que no puedo venir a hacer pipí a gusto?

—No, pero si yo no te he interrumpido…

—Ya, pero usted sabe lo que es saber que está alguien esperándote sentado aquí afuera y que tienes que evitar hacer ruido…

—Pues no, de eso no me había dado cuenta.

Pero bueno, yo también pasé mi apuro el día que tuve que decirle a un médico que llevaba la bragueta abierta.

El ginecólogo Crivillé era una persona muy recta, que nunca se quedaba solo con ninguna paciente, aunque yo tuviera que salir a hablar con las de la sala de espera, tenía que dejar la puerta entreabierta con una pierna dentro del despacho, porque era muy moralista, clasista y machista. Yo le soltaba que era el médico de las *istas*. A su consulta venía gente muy bella, con cuerpos esculturales, y él me decía que yo a las abuelitas las sacaba con el viso y en cambio a las que estaban bien paridas se las tapaba hasta arriba. Le avisé de que si seguía jugando, algún día le haría una mala pasada cuando viera a alguna de esas que tumban a cualquiera. Y, en efecto, un día vino una azafata estupenda que había tenido un constipado, se había tomado antibióticos y, como consecuencia de ello, le habían bajado las defensas. Vino explicando que tenía un flujo blanco, con un fuerte olor a yogur, y yo ya intuí que eran hongos pero preferí que la viera el doctor. Ella tenía reparos, pero era lo más indicado. Le pedí:

—Quítate la braguita, no te quites nada más, y te pones este poncho.

Y me sale la pobre con el poncho abierto por delante, con un sujetador muy bonito y sin braguitas. Yo estaba de espaldas, pero me di cuenta de que algo raro pasaba cuando vi la cara de sorpresa del doctor Crivillé y le escuché gritarme: «¡Cecilia, dile a esa muchacha que se tape!». Ella se tapó tan rápido que no me dio tiempo ni a verla, pero cuando se marchó, él me amenazó:

—Te retorceré el cuello como a los pollos, *collons,* me sale aquí una mujer con unas piernas que no tenían fin…

—Mire, no lo he hecho aposta —le contesté yo—, pero ya nunca más me volverá a decir que se las tapo más que a las abuelas.

Una mujer madura vino con el clítoris destrozado, ante lo cual, el médico le preguntaba:

—¿Tiene usted pareja?

—¡No! —contestó airada.

—¿Tiene usted algún perrito? ¿O algún perro grande?

—No, ¿por qué?

—Porque a veces las señoras tienen perritos de compañía que les hacen cosas… ¿Y hay alguien que le masturbe?

—No.

—Pues entonces permítame que vaya al grano: si nadie le masturba con algo áspero y duro como podría ser la mano de un hombre con callosidades, será usted quien se masturba. Pero ¿con qué lo hace para tener el clítoris tan irritado?

Al final confesó que se metía una zanahoria en la vagina y el clítoris se lo estimulaba con las hojas verdes de la misma.

Más curioso aún nos pareció que viniera a pedirnos cita para el ginecólogo un hombre. Las treinta señoras que había esperando en la sala flipaban de que el hombre insistiera tanto por más que yo le dijera que adonde tenía que ir era al urólogo, pero finalmente me explicó lo que le preocupaba:

—Mi esposa vino el otro día y le diagnosticaron hongos, y claro, a mí me tiene que ver el médico.

Yo estaba abochornada y quería sacarlo de la sala, con lo cual me lo llevé al despacho y llamé al doctor, que se negaba porque lógicamente no era su especialidad. Le pedí que hablara con él dado que yo no conseguía convencerle, y le hizo pasar. Él iba lanzado a bajarse la cremallera, pero el doctor le rogó que tuviera calma:

—Explíqueme primero qué le ocurre, ¿tiene alguna molestia?

—No, no tengo molestias, lo que pasa es que estoy muy preocupado, porque seguro que mi mujer me ha contagiado los hongos en el pene, pero lo que más me preocupa es saber si los tengo en el cuello.

—¿En el cuello? Eso tendría que mirarlo el otorrino, pero es muy difícil el contagio…

—Que no, señor, que yo no digo por dentro, sino en la nuca.

—¿Qué tiene que ver una cosa con la otra?

—Pues es muy fácil, por difícil que usted lo vea. Mire, mi esposa y yo tenemos la costumbre de que antes de irnos a la cama ella se quita las braguitas y me las pongo yo, entonces la cojo a hombros y empezamos a correr hasta que estamos a tono y entonces nos vamos a consumar…

Y muy triste fue otro caso de una pareja joven que iba buscando un niño desde hacía más de un año y vino para ver por qué no se quedaba ella en estado así que el doctor le hizo una histero (una histerosalpingografia: es una prueba en la cual infiltran un líquido yodoso para ver si tiene las trompas obstruidas y si son permeables). El médico se disponía a meter el histerómetro y no entraba. Iba a introducir el espéculo y tampoco. La llevan a Rayos X para ver lo que pasaba en pantalla y, simplemente, mantenía el himen intacto. Era virgen. De lo que se deducía que nunca habían tenido relaciones completas. Entonces les preguntamos cómo lo hacían y nos contaron que por el ombligo. Ella se sintió fatal, porque tenía veintipocos años, y él menos. Hubo vergüenza, llanto, de todo lo consabido. Y el médico los sentó, les explicó cómo funcionaba todo, les recomendó que se fueran de vacaciones sin decirle nada a nadie, y lo hicieran relajadamente cuando les apeteciera.

Hay muchísima desinformación sexual, contra lo que cabe suponer. Lo demuestra la gran cantidad de embarazos no deseados: no es muy normal que después de haber abortado en alguna clínica ilegal, te vengan aquí a curarse y con unos traumas horrorosos; no es muy normal que crean que por una vez no te vas a quedar (aunque tenga 15 años, en cuanto la mujer menstrúa, se puede quedar embarazada); no es muy normal que la gente piense que sólo se quedará embarazada si el pene entra hasta el fondo (no hace falta, es como el chiste aquel de que con «la puntita» ya es suficiente)... Y, a pesar de explicarles los anticonceptivos hasta quedarte afónica, muchos no hacen caso. Por ejemplo, les recomendamos a las mujeres que, si se están tomando la píldora y un día sufren vómitos o diarreas, vengan a que les demos otra, porque podría perderse el efecto y tener más posibilidades de quedarse encinta. Existen también mitos de la gente mayor que mujeres jóvenes y cultas se quieren creer, como que mientras estén dándole el pecho al bebé no menstrúan y, por tanto, no se pueden quedar preñadas: es una falacia sin sentido porque las mujeres recién paridas tienen muchos descontroles, y es más, dicen que cuando un hijo mama, estimula el deseo sexual de la madre, con lo que, al estar mucho más receptiva al sexo, tiene aún más posibilidades de quedarse embarazada. Y luego vienen los abortos.

Cuando yo estaba en Ginecología —durante once años y hasta hace quince—, abortar era un problema. Los ginecólogos allá jamás recomendaron el aborto, si bien ayudaban a la madre en todo lo que le hiciera falta. Para la gente que tenía dinero, el problema no existía: pagaba para que lo realizara un médico que operaba a menudo en una clínica abortiva privada y eliminado. Pero para la gente de a pie, sin posibles, no resultaba tan fácil: tenían que recurrir a una asociación que organizaba viajes los fines de semana para abortar en Inglaterra, donde les hacían verdaderas sangrías y venían los lunes a Ginecología sangrando como corderos. Les habían dado antibióticos para que aguantaran hasta llegar a España y poder venir a la consulta, y tristemente muchas se quedaban estériles de por vida. Conocí a unas cuantas que después han pasado por mis manos en la consulta de Psiquiatría.

Lo cierto es que vimos de todo, como chiquillas menores de 16 años con unas infecciones terribles que habían cogido por contagio con parejas no estables. Lo de menos son los hongos, que florecen con la humedad, incluso en la playa, a poco que haya una bajada de defensas, y se ha de tratar en el hombre y la mujer cuando se contagian. Lo peor son los condilomas, una especie de verruguitas que van saliendo desde la vagina hasta el ano, por fuera; y mucho más graves son las tricomonas, que se manifiestan como un flujo verde con un olor a pescado podrido e irritan mucho a la mujer, le deja la vagina totalmente enrojecida, el clítoris y los labios se hinchan... por lo que se le tiene que medicar enseguida. El problema es que tanto los condilomas como la tricomona se contagian por contacto con hombres que tienen esta infección sexual, pero que no tienen por qué saberlo porque sólo son portadores, no notan ningún síntoma ni molestia. Es la mujer la que ha de buscar a la persona con la que ha mantenido relaciones, aunque hayan sido esporádicas, e informarle de que debe ponerse en tratamiento para no ir contagiando a otras mujeres.

En cuanto a los métodos anticonceptivos, el doctor Crivillé era uno de los que no querían ni poner DIU. Decía que el ginecólogo que se lo colocaba a una chica que nunca había parido era de juzgado de guardia puesto que generan muchas infecciones que, en unas ocasiones acaban en una operación y, en otras, terminan en anesitis, una infección en las trompas que impide que los óvulos bajen y que los espermatozoides suban y que, por tanto, inhibe el embarazo. Antes había muchas infecciones por DIU mal puestos o porque se mueven; incluso han nacido niños con la T del DIU marcada en la cabeza. Algunas mujeres preguntan si el método anticonceptivo podrían pinchar el pene durante la penetración, cosa harto difícil a menos que el susodicho sea muy largo, porque se coloca en el cuello uterino, pero por pasar, puede pasar. Como se pueden tener relaciones con el tampón dentro sin que la mujer se entere. No lo he pasado peor que una vez que tuvimos que sacarle a una mujer un tampón después de haberlo llevado dentro ocho días y haber tenido relaciones no sé cuántas veces, es inimaginable el olor que emitía, le tuvimos que dar antibióticos y todo. ¿Cómo es posible que ella no se diera cuenta, con el olor que ya despide la regla de por sí, y que él estuviera tan ciego como para no notar que daba con el tampón allí adentro?

Bastantes hombres y mujeres tienen la idea errónea de que si se les vacía la matriz, ya no van a poder volver a disfrutar del sexo, porque creen que ésa es la parte que les da el placer. Necesitas mucha retórica para convencerles de que la matriz no proporciona ningún placer, que es sólo un saquito que no sirve para nada más que para albergar el feto engendrado y que lo placentero para la mujer es la estimulación del clítoris. Es más, tras la operación se solía cerrar un poco la vagina para que apretara más el pene durante la penetración, o sea, que no tenían por qué obtener menos placer ninguno de los dos. El problema es que algunas mujeres confesaban que, si fuera por ellas, no lo harían nunca argumentando que sus parejas iban con las orejeras puestas a obtener su propia satisfacción, sin más, y luego se tiraban boca arriba y a roncar. Las pobres no sabían lo que era un orgasmo. «¿Y eso qué es?», preguntaban muchas. En esas condiciones, ¿cómo iban a tener ganas de hacerlo? Habría que explicarles a los hombres que si la mujer no está húmeda y bien preparada, el coito le resulta doloroso, pero como ellos no suelen acudir a la consulta ginecológica con sus esposas salvo cuando se trata de buscar un hijo, es imposible orientarles y hablar de estos temas con ellos.

Así las cosas, no es de extrañar que muchas mujeres, cuando se les operaba de la matriz, aseguraran que perdían mucho apetito sexual. Por contra, los maridos me venían a preguntar cuándo podrían volver a tener relaciones sexuales con ellas. A la vista de que tenían pánico al sexo con sus maridos, yo me ponía en su lugar y me convertía en su cómplice hasta el punto de que si lo normal era una cuarentena de abstinencia, les pedía a los médicos que les recetaran por escrito de cincuenta a sesenta días. Los médicos me advertían que algún día me iba a venir un marido a arrancarme las orejas, pero yo me arriesgaba igual.

También me chocaron casos de mujeres que no querían dar a luz. Les pedías que hicieran fuerza durante el parto y, por el contrario, juntaban las piernas y teníamos que atarla para que se dejara ir. Algunas de ellas se niegan después a mantener relaciones sexuales con el marido para no quedarse embarazadas de nuevo, inclusive aunque estén tomando la píldora: no se fían y prefieren que él haga lo que quiera para satisfacer su deseo con tal de no tener que pasar otra vez el mal trago. Sin embargo, a otras que manifestaban miedo al parto en el momento clave no les da tiempo ni a pensarlo e incluso van sacando el pañuelo por la ventanilla del coche para evitar tener el bebé por el camino. Este tipo de miedos se curan en Psiquiatría: es preciso convencerlas de que siempre estarán protegidas.

Por otra parte, muchas chiquitas jóvenes que ahora vienen a consulta psiquiátrica han corrido mucho: creen encontrar lo que imaginaban como el amor de su vida en el sexo, y luego se dan cuenta de que se han relacionado con personas equivocadas que no han sabido mimar y apreciar su cuerpo, y se han acabado viendo ultrajadas, por modernas que queramos ser. Para mí, mi cuerpo es el vestido más bonito que me puedo poner, y lógicamente, yo el vestido más elegante que tengo no se lo presto a cualquiera, y aun así, si lo dejo, ruego que me lo cuiden. En cambio, las niñas que vienen aquí están ya de vuelta de todo y todo les parece lo mismo y recaen una y otra vez en el mismo tipo de hombre, lo pasan fatal. Tenemos una paciente que ha estado en lo más alto: cobraba un pastón, tenía una hija y se separó porque se encaprichó de un compañero de trabajo, pero luego no sé por qué él se marchó fuera a trabajar en la misma empresa y ella se trastocó de tal manera que empezó a mezclar pastillas con alcohol cada dos por tres. A menos conseguimos que, en lugar de tomarse el cóctel letal y llamar después a la ambulancia para que fuera a buscarla, llamara a un taxi y se viniera a Urgencias para que pudiéramos ir directamente a verla. Y allí nos la encontrábamos cada lunes. Hasta que un lunes no tuve tiempo de bajar a verla y cuando lo logré, me la encontré ya metida en la ambulancia, atada, que se la llevaban al psiquiátrico. Empezó a gritar que quería verme, la desataron y comenzó a llorar al tiempo que me prometía que nunca más lo volvería a hacer. Salió del psiquiátrico con un novio que estaba más o menos como ella, y nos vinieron a consulta quejándose de que no podían tener relaciones sexuales porque él era incapaz, cosa lógica teniendo en cuenta las dosis de pastillas que tomaban ambos. Lo raro es que ella sintiera algún tipo de deseo sexual. Seguramente se había montado su película en la cabeza. En cualquier caso, esa chica nunca volvió a meterse el cóctel de pastillas y alcohol pero tampoco se ha recuperado, ahora está cobrando una pensión por invalidez de por vida, con cuarenta y pocos años. Tuvo que abandonar el pisazo que tenía... Les he preguntado a los médicos qué es lo que no funciona bien en el cerebro para que de repente, cuando surge un problema, como podemos sufrirlo todos, una persona llegue a destrozar su vida. ¿Nace así ya y todo estalla cuando cae la gota que desbarata todo, o es que hay personas que no saben salir de los baches y se refugian en la autodestrucción? Yo quisiera encontrar la manera de inyectarle aire fresco a una persona que lo ve todo asfixiante para que no caiga así, para hacerle ver que no merece sus lágrimas ningún ser humano que le haga daño.

Asimismo, tenemos a muchas mujeres operadas de cáncer de mama porque suelen perder bastante autoestima, hay que apoyarlas mucho. Lo de la autoestima es muy duro porque puede llevar a extremos como el de Rana, una jordana que sufría trastorno de personalidad y constantes ataques de irritabilidad. Tenía dos hijos con un hombre jordano que la mandaba a todos sitios con una especie de dama de compañía para que la controlara y no hiciera ninguna tontería. El problema es que quería entrar con ella incluso a la consulta con el psiquiatra, a lo que Rana se negaba porque eso era algo privado. Aquí se sentía en confianza, de hecho, una vez nos llamó desde Jordania para pedirnos la composición de su medicación y tuve que apañármelas para entenderme con la farmacéutica de allá, con su marido y los servicios de Urgencias de aquí. Volvió del viaje y estaba muy rara: un día me rogó que rezara por ella para que no se hiciera daño; yo me quedé un poco mosca pero tampoco quise pensar demasiado mal. Se saltó una cita y decidí esperar quince días para ver si volvía; si bien, en su lugar vino su hijo a consulta con el neuropsicólogo porque se le había suicidado su madre. Se metió un tiro en el lavabo.

La verdad es que todas las enfermedades son malas, pero las mentales no son nada fáciles porque no es lo mismo una depresión leve que alguien que no quiere estorbar o que se bloquea y es incapaz de dar un paso. Nadie es así por voluntad propia, se les ha de ayudar y, sin embargo, la gente no les entiende ni les acepta aunque son personas normales. Como el señor que vino porque se le había muerto su hija de leucemia y necesitaba hablar con un psiquiatra: no había ninguno disponible en ese momento, estaban todos liadísimos, así que le pedí que volviera al día siguiente a las 8:30 y él me echó una bronca todo cabreado. Le prometí que no podía hacer nada, que si se encontraba tan mal fuera a Urgencias y volviera por la mañana, y se fue todo cabizbajo. Corrí para darle alcance, le puse la mano en el hombro y le solté:

—¿No me cree, verdad? Bueno, ya lo sé, pero le insisto en que vuelva mañana a las 8:30, que le atenderán.

Se va, me quedo en el despacho y vuelve:

—Oiga, ¿cómo se llama?

—Cecilia.

—Perdone, sí que la creo. ¿Se ha enfadado usted?

—No, me he quedado triste.

—He confundido sus ojos, pensaba que estaba enfadada.

Vino al día siguiente. A las 8:35 ya estaba dentro de la consulta, y le contó al médico que se sentía fatal por haberme entristecido. Otro día me trajo un libro que es la autobiografía de una mujer que quería ser médica pero las circunstancias la llevaron a ser psiquiatra. Yo me siento muy reflejada porque habla de lo que aprendió de sus pacientes encerrados en psiquiátricos: les somníferos para anularlos, hasta que ella llegó y empezó a quitarles medicación, a organizarles trabajos manuales e incluso les dejaba salir por el día, con la condición de que volvieran por la noche. Tenía en cuenta que no eran vegetales sino personas con sentimientos. Esta mujer es austriaca, y es curioso porque yo fui a Austria a conocer La Casita Verde, donde al parecer ella había trabajado poniendo en práctica sus técnicas. El hombre me dijo que me lo regaló porque durante el tiempo que había pasado en la sala de espera de Psiquiatría me había visto hacer cosas que había leído en el libro.

Al principio de venir a trabajar a Psiquiatría estábamos en la primera planta y yo siempre acostumbraba a acompañar al paciente hasta el despacho del médico. Pues bien, a uno de ellos le presenté al doctor Seguí y éste, en vez de darle la mano al paciente, me la tendió a mí.

—Ay, perdone, me he confundido —se excusó.

—Menos mal —dijo el paciente—, porque si cada vez que le trae uno le tiene que dar también la mano a la enfermera, menudo problema que tienen.

Otra muy bruta: estaba pasando consulta con un médico de Cardiología que era muy buen cardiólogo y muy cachondo pero también un «trincha-el-aire», de esos que si pasas por el pasillo y les viene bien, te pegan un pellizco. Le estaba yo tomando la presión al paciente y él se levantó a auscultarlo, aprovechando, cuando pasó por detrás, para pellizcarme en el culo. Me quedé muy tiesa, muy erguida, me puse toda roja y el matrimonio se dio cuenta, ante lo cual, el médico reaccionó rápido:

—Aquí no se puede hacer nada ni con tu propia mujer. Casi no nos vemos en casa, y vengo aquí, le pego un pellizco y ya ve usted cómo se pone.

—Ah, pero ¿es su mujer? —preguntaron ellos curiosos.

Yo pensaba: «Madre mía, no deshagas el entuerto». Y no lo deshizo, nunca. De hecho, todavía hoy me los encuentro por los pasillos y me preguntas por mi marido. Y yo: «Bien, bien». Continúa siendo mi *marido,* porque si descubrimos la verdad van a pensar que los médicos y las enfermeras se van metiendo mano en sus horas de trabajo.

En cuanto a cambios de nombres de médicos… Al doctor Cavarrocas, que ya falleció, le llamaban Picapiedras. El doctor Rosales se convertía en Flores, total… Y a Cabrestáin le decían Cabrostain. Al doctor Sami le nombraban Simio. Y al médico Catlla me lo han llegado a cambiar a doctor Cacatúa, ahí sí que tuve que romperme los cuernos para adivinar por quién me preguntaban, porque no tenía ni pies ni cabeza y, al final, tuve que ir a recepción y pedirles que miraran en el ordenador con quién tenía cita la señora en cuestión. Con los medicamentos, es parecido: te dicen los colores de las pastillitas en lugar del nombre.

En Rayos X teníamos un médico que comparaba las nuevas radiografías con otras anteriores del paciente. Se le hicieron a un señor unas placas y tuvimos que pedirle que trajera todas las radios que tuviera en su casa... Efectivamente, entra al despacho y empieza a sacar radios portátiles encima de la mesa: ¡transistores! El médico me mira atónito, y le pregunto al paciente:

—¿Ha traído usted la radiografía?

—Sí, señora, pero espere un momentito que termino de sacarle las radios.

—No, por favor, esto guárdeselo.

—No, señorita, usted me dijo el otro día que trajera la radiografía que me han hecho y las radios que tuviera por casa.

Y eso es lo que hizo. O sea, que quizás nosotros tampoco nos expresamos bien porque lo vemos todo muy normal pero, para una persona que viene a un hospital, no lo es, y el estado anímico con el que viene tampoco le favorece, se enreda mucho y no entiende la mitad de las cosas o se la toma literalmente.

Lo que quiero decir es que nosotros también metemos la pata. Cuando empecé a trabajar en Psiquiatría yo estaba muy temerosa de que los pacientes echaran de menos a la enfermera anterior, que era muy correcta pero hablaba lo justo con ellos. No obstante, vino a consulta un chico que es muy obsesivo y comentó:

—Qué bien, enfermera nueva, me gustas.

Le acompañé al médico, que estaba con una chica de prácticas que era morena de pelo, y le dice el paciente al doctor:

—Mire usted, me gusta.

—¿Quién?

—La rubia. No sé por qué, me ha caído bien, mejor que la de antes. Pienso que voy a hacer muy buenas migas con ella.

El médico lo miraba pensando que estaba eufórico, sobre todo teniendo en cuenta que la que tenía al lado era morena. Se lo aclaró enseguida, a lo que el paciente respondió:

—Sí, es que no me refiero a ésta, sino a la nueva que tienes allá afuera.

De todos modos, decidió bajarle un poco la dosis de la medicación porque lo veía excesivamente alegre y tenía miedo de que desvariara. Cuál no sería nuestra sorpresa cuando al día siguiente llamó por teléfono llorando tanto que no sabía reconocerle. Se quejaba de que no podía salir de casa a trabajar porque no paraba de llorar y estaba muy deprimido. Se lo comenté al psiquiatra y cayó en la cuenta:

—Ay, lo que he hecho, tierra trágame, que yo pensaba que estaba muy eufórico porque decía que le gustaba la rubia y le quité precisamente la pastilla que le estimula para que no sea tan obsesivo ni se entristezca tanto cuando una cosa no le sale bien. Dile que se tomé la pastilla que le quité.

Otra de echarnos las manos en la cabeza sucedió en Esterilidad porque teníamos que enviar a un chico al laboratorio para que le tomaran una muestra de los espermatozoides. La cuestión es que para ello se han de masturbar, pero ni el médico ni yo fuimos capaces de especificárselo, como tampoco lo hicieron en el laboratorio donde se supone que le tenían que dar un papelito con las instrucciones por escrito, ni el médico ni la auxiliar que le dio el botecito para recoger el semen. Sólo le dijeron que nos lo tenía que traer de nuevo a Esterilidad. Al día siguiente el chico vino, cómo no, con el bote vacío y el médico me miró como diciendo «aquí no hay nada». Llamé otra vez al laboratorio a pedir explicaciones, me argumentaron que también les había dado vergüenza y les volví a enviar al joven acordando con ellos que le describirían todo paso por paso en un sobre cerrado a fin de que lo abriera al llegar a casa. Me sentí muy culpable de llevarlo de un lado a otro.

También me ha pasado varias veces lo de confundir a una hija y a un padre con una mujer muchos años más joven que su marido. Vino una mujer a Psiquiatría: creía que había perdido todos los encantos como mujer al entrar en los cuarenta porque su marido la quería mucho pero no la tocaba nunca. Se lo dije al doctor para que la atendiera y en plena visita sale, entra en mi despacho, cierra la puerta y me espeta:

—Te voy a matar. ¿Por qué no se te ha ocurrido preguntarle cuántos años tiene el marido? Es que el señor tiene más de 80, así que no le puede dar mucha marcha por más que quiera.

Le pedimos que viniera a la siguiente cita con su marido y ella no se mostró muy convencida de que aceptara, pero sí, vino con él, y vimos que el pobre estaba muy enfermito, viejecito, con problemas prostáticos… Vamos, imposible que pudiera satisfacer sus deseos.

Ésta es muy graciosa: ¿sabes el típico hombre que respeta tanto a la mujer que se casan cerca de la cincuentena y todo su afán es que la mujer sea virgen por encima de todas las cosas? Pues mes y medio después de casarse, él, «como era un caballero» —remarcaba una y otra vez—, la trajo a revisión puesto que hasta entonces creía no haberlo necesitado por ser virgen pero ya le tocaba porque él quería mucho a su mujer y no deseaba que le pasara nada malo. El ginecólogo les preguntó si pensaban traer familia al mundo y él respondió que no porque ya eran mayores. A continuación, la examina y ve que tiene el himen intacto, además de estos resistentes, duros, de esos que se encuentran a veces que no se pueden ni rasgar con el histerómetro porque le haría mucho daño. La invita a sentarse de nuevo y les comenta:

—Perdónenme, ya sé que usted es muy caballero, pero en un mes y medio que están casados, supongo que han tenido relaciones, ¿no?

—Mire usted, doctor, como caballero que soy, yo no haría nada que no tenga que hacer.

—No, disculpe, si yo no le quiero decir que usted haya hecho nada inmoral, pero tengo que preguntarle si han tenido relaciones sexuales completas.

—¿Qué quiere decir usted? ¿Quién cree que soy, un obseso, o qué? Yo he tenido relaciones con mi mujer como Dios manda.

—Pues mire usted, como Dios manda será, pero no sé por dónde porque su mujer sigue virgen y pura.

—Oye, ya me dirás dónde te la has puesto… —le inquiere a su esposa.

—Pues entre las piernas, pedazo de tonto, dónde me la iba a poner…

Lo que él no sabía es que ella había acertado a pesar de todo porque tenía un himen tan inquebrantable que no había un pene lo suficientemente fuerte para romperlo, por lo que hubo que mandarla al quirófano y rasgárselo dormida. De éstas han pasado varias, a veces el propio ginecólogo con el histerómetro empuja y cede, en función de lo flexible que sea el himen, pero en este caso no.

En otra ocasión una señora vino con su hija muy jovencita, de 15 años recién cumplidos, porque llevaba varios días levantándose con vómitos y mareos y el médico de cabecera le había enviado a Ginecología, cosa que ella no entendía porque pensaba que lo lógico era que le mandara al digestólogo. El ginecólogo quiso exculpar al médico y quitarle hierro al asunto pero se dispuso a hacerle una revisión. Ante lo que la madre se apresuró a aclarar:

—Oiga, que mi hija es virgen, eh, no la puede usted explorar en profundidad.

Él vio enseguida que la hija ya tenía el himen roto, le palpó la barriga y le dijo a la madre:

—Señora, no sé cómo le va a sentar, pero usted va a ser abuela.

Un poco más y se lo come, si no llego a estar yo delante pasa de las palabras:

—¿Cómo se le ocurre semejante barbaridad?

Decirle eso a una mujer como ella y a su hija que era tan pura y tan casta…

—Yo sólo le digo que si usted no lo quiere oír, no pasa nada, pero que prepare la canastilla para dentro de cinco meses y pico porque su hija está embarazada de más de tres.

—Es imposible porque la regla la ha tenido el mes pasado.

—Es muy probable, porque a veces se escapan unas gotitas de regla, pero su hija está embarazada.

—Eso es imposible. ¿Hay alguna forma de que se pueda quedar una mujer embarazada sin tener relaciones?

—Sí, claro, a veces van a la piscina y hay espermatozoides sueltos que entran y una se queda embarazada.

—Ah, pues eso ha debido de ser.

—No, señora, eso se lo he dicho por decir. Nadie se puede quedar embarazada sin tener relaciones sexuales con penetración completa. Eso quiere decir que su hija ha tenido relaciones sexuales completas y que usted va a ser abuela.

Ella no decía ni pío, y en verdad que de tan jovencita no se le notaba, pero sentada allá en la camilla sí se veía que la tripita ya había prendido.

***E. R.***

*Tiene 25 años, lleva desde 2003 ejerciendo como enfermero, entre prácticas y contratos en cantidad de hospitales de Barcelona, representa a la nueva hornada de profesionales de enfermería que no para de hacer sustituciones, turnos complicados y combinaciones asombrosas para coger experiencia y conseguir un empleo estable.*

Estaba de prácticas en el hospital de Belvitge y nos avisa el SEM de que traen a un hombre con una amputación de pene, y detrás otra ambulancia, con una chica convulsionando. La cuestión era que él había contratado a una prostituta para que le hiciera sexo oral y en un momento dado, a ella le dio un ataque epiléptico, empezó a convulsionar y le mordió, seccionándole el pene. Lógicamente, avisaron a su esposa, y te puedes imaginar la cara que puso.

Me contaron también que vino a Urgencias una pareja que estaba haciéndolo y se quedaron enganchados, y tal y como estaban los metieron en la cabina en la ambulancia y de ahí a la puerta de Urgencias: al parecer la vagina hizo un espasmo en plena penetración y él ya no podía sacarla.

En el Hospital General de Sant Cugat a una compañera le pasó una de las clásicas que siempre se han considerado leyendas urbanas pero que no lo son, hay mucha gente que se introduce de todo por el ano y la vagina. Vino uno con un pepino en el recto, explicando que se había sentado y el pepino justamente estaba ahí y se lo había clavado sin querer. Antes estos casos lo que pensamos es que si quiere autoengañarse, allá cada cual, pero que si pretende engañarnos a nosotros, no lo va a conseguir. Otro se introdujo una botella y le hizo el vacío, que suele pasar o al menos a él ya le debía de haber ocurrido alguna vez porque cogió un martillo para romperla con tal mala suerte que la botella se resquebrajó por dentro haciéndole una sangría alucinante en el recto. Tuvimos que bajarle a quirófano a practicarle una colostomía (seccionar el colón descendente y sacarlo para afuera: luego hay que ir con bolsa de colostomía para toda la vida). Asistimos también a la típica chavala que se mete un plátano, se le parte y se le queda dentro. Y en Ginecología nos vino una mujer con una infección brutal que olía mogollón a podrido. El médico mareado, yo con arcadas... Le sacamos un tampón, pero aquello seguía siendo sospechoso, y mi compañera, muy lista, apuntó:

—Esto no es normal, igual hay otro dentro.

Y naturalmente, se había metido el primero sin quitarse el que ya llevaba puesto y ahí que estaba aquél criando de todo.

También de prácticas en Vall d'Hebron, esta misma compañera y yo tuvimos que sondar a una abuela de 90 años que estaba consciente y orientada, no desvariaba ni nada, vamos. Lo complicado fue encontrar la uretra en todo aquel aparato genital confuso en el que los pliegues de piel, los agujeros, la vagina, etcétera, conformaban un galimatías. Yo parecía un minero, y cuando creí encontrar la uretra, comencé a meter la sonda pero no había manera, la abuela no paraba de chillar y yo encontraba un tope que me lo impedía. Probamos con una sonda más recia y nada. Llamamos a la enfermera para ver si ella encontraba el agujero correcto pero tampoco lo conseguía. Hasta que me di cuenta de que estábamos intentando sondarla por el clítoris, ¡y era como si la hubiera estado masturbando! Al día siguiente la abuela me saludaba con la manita toda amable, el médico me hacía bromitas en plan «Mira a ver, que te llama una abuela por ahí»... Fui el hazmerreír de todo el personal durante varios días.

Pero más curioso fue el hombre árabe que teníamos que sondar y tenía el pene tan grande que no nos llegaba con una única sonda y hubo que empalmar dos seguidas. O el caso contrario, de un señor con un micropene al que era imposible sondar, porque lo suyo era como un clítoris, se doblaba la sonda, no había manera: era como si estuvieras haciendo microcirugía y encima lo pasas tú tan mal como el enfermo, que se siente todo acomplejado.

Una compañera mía se encontró en otra ocasión con una abuela totalmente roja, la piel de la cara y de todo el cuerpo irritadísimos. Afirmaba que le había salido solo, pero no se lo creía ni ella, hasta que admitió que se lo había causado ella adrede duchándose con agua hirviendo para evitar la prueba de colonoscopia que tenían que hacerle esa misma mañana: le daba miedo porque tenían que meterle una sonda por el recto.

En planta, las bombas de perfusión de medicamentos (para inyectarlos en vena a una dosis determinada cada cierto tiempo) te alertan en la pantallita cuando fallan: alarma gotas, alarma aire, alarma puerta abierta... En este último supuesto, hay que darle un golpe fuerte a la bomba para cerrarla. Pues paso por el pasillo y veo que la paciente está cerrando la habitación a portazo limpio.

—Pero mujer, ¿qué hace? —le pregunto.

—Nada, que estoy leyendo en la pantallita «puerta abierta» y, claro, me he puesto a cerrarla.

—Tranquila, señora, usted no se preocupe, cuando vea la alarma me llama a mí, que ya vengo a controlarlo.

A una compañera, la mujer del paciente le insistía en que le pusiera un esparadrapo en la boca para que no tuviera más remedio que respirar por la nariz. Y al final le hizo caso y estaba el pobre hombre allá y el abuelo sin poder articular palabra, como un secuestrado.

Luego están los chavales que tienen una actividad sexual movidita y te los encuentras, a bastantes, tirándose a su novia en la habitación, sin ningún problema, incluso te avisan de que va a venir para ver si puedes poner un cartelito de no molestar en la puerta, como en los hoteles. Como también te llaman a las cuatro de la madrugada avergonzados para ver si les puedes cambiar las sábanas mojadas. Tú no les pides explicaciones, pero algunos te confiesan que han tenido una polución nocturna y les tienes que calmar porque es normal, no pasa nada. Al día siguiente de broma le comentas:

—Bueno, tú tranquilo que mañana ya te traigo a una enfermera cachonda para que te haga un apaño.

La verdad es que yo hago muchas noches y, como hay menos personal, tienes que hacer un poco de todo, de auxiliar, de enfermero, de administrativo… y se oyen cosas muy raras, te acongojas un poco, porque oyes a niños reír, o a los moribundos… Una noche entré a una habitación a ver a una abuela que estaba a punto de morir porque la oí hablando sola, y me aseguró que estaba hablando con su hermano, muerto, por supuesto. Intenté bromear pero a mí me da miedito.

Nosotros siempre tratamos de gastarnos bastantes bromas para pasar los malos ratos: es que si no las noches son muy largas. Pero a veces nos pasamos. Le hicimos una muy *heavy* a un camillero nuevo. Tenía que bajar un cadáver a nevera, y uno de los enfermeros se echó en la camilla, cubierto con una sábana: cuando bajan solos en el ascensor, va el enfermero, se levanta y le agarra la mano. Al camillero tuvimos que llevarlo a Urgencias por un síndrome ansioso respiratorio porque se ahogaba, además estuvo de baja yendo al psicólogo... Nos cayó una bronca de órdago en el hospital.

Hacemos otras novatadas del tipo llamar desde Urgencias avisando a la enfermera nueva:

—Te sube un paciente herido de bala, con dos mossos porque está detenido por haber matado a otros dos; de las dos balas que llevaba, le hemos conseguido extraer una, pero la que lleva en el glúteo se la tienes que sacar tú en planta.

La pobre tía va apuntando toda seria y se lo cree y va preparando el campo estéril, los instrumentales y todo lo necesario si no le confiesas que es coña.

A mí una vez me hicieron la típica tontería con los botes de orina: un compañero simula que se tropieza y te lo tira en la cara, tú te quedas ahí todo asqueado o sales corriendo al baño pero enseguida te das cuenta de que, en vez de pis, habían echado zumo de manzana, que es exactamente igual de color y textura. A las mujeres les sienta mucho peor, y si encima les añades que era un seropositivo, vagabundo o similares, lo pasan fatal.

También untamos en el auricular del teléfono una crema para las paradas cardiorrespiratorias que es muy pegajosa, y le decimos al compañero que le están llamando. Lo coge y *puf,* toda la crema en la oreja, muy pringosa.

En quirófano nos ha sucedido alguna vez, con alguna perforación de intestino, que salen despedidos todos los excrementos, así que has de ir con mascarilla, untarte alcohol en la nariz para anestesiarte lo máximo posible. El otro día nos vino un señor que pensábamos que tenía cáncer de páncreas y le habían recomendado en la clínica Corachán que bebiera mucha agua, y así lo cumplió, pero cuando le abrimos nos percatamos de que era una perforación del intestino delgado porque le sacamos unos seis litros de líquido que iban expandiéndose como con un surtidor. El olor no era nada agradable, pero si a ello le sumas el olor del quirófano, la luz…

Aunque surtidores sufrimos también en partos, de hecho en uno abrió el médico el abdomen y salió disparado a chorro el líquido amniótico directamente a mi cara y el ginecólogo riéndose porque sabía que me iba a caer y no me avisó. Normalmente lo que más hacemos son cesáreas y, sobre todo cuando el niño entra en quirófano con dos vueltas de cordón alrededor del cuello, es algo muy estresante. O sorprendente, cuando te informan de que la parturienta se guarda la placenta para comérsela porque, según me explicó la comadrona, tiene muchas vitaminas, es muy nutritiva… A mí me parece vomitivo porque es como una medusa pero más asqueroso, se ven las venas y demás, sin embargo hay gente que se las come crudas.

No obstante, no he visto mucho en esta especialidad: en general en Ginecología predominan las enfermeras; yo he estado más en Traumatología. Allí te encuentras en todo caso a abuelos despistados que se te han escapado desnudos y están dando vueltas por la planta… Pero nada que ver con los de Psiquiatría, donde se me escaparon dos enfermos. Primero una mujer mayor a la que ingresaron a la fuerza y a la menor ocasión huyó del hospital abriendo la puerta con un DNI (lo cual vino a demostrar que la seguridad en aquella planta era absurda): llamó el marido desde su casa alertándonos de que le había telefoneado su señora desde una estación, y yo pensé que estaba de broma, pero no, efectivamente su habitación estaba vacía. Y otro listo cortó el cable de la electricidad de la puerta y se piró, sin cortapisas.

Trabajé un tiempo como administrativo en un ambulatorio cogiendo el teléfono. Se supone que a ese número llamaban para pedir cita pero en realidad todo el mundo llamaba preguntando lo que le daba la gana, hasta tal punto que un día me llamó un tipo desde un lugar de la India preocupado por si las vacunas que le habían puesto serían efectivas si cruzaba un río. ¡¿Y yo qué sé?! La gente te pregunta cosas muy sorprendentes, como por qué el bebé no le agarra el pecho o si es normal que el bebé haya hecho caca…

En Oncología las historias son muy tristes, de jóvenes de unos treinta años a los que han detectado un cáncer y los ves pasando todas las etapas: negación, cólera, negociación, depresión y aceptación. Yo he visto a chicas que se han hecho mucho las duras, han tranquilizado a todo el mundo para que no se preocupara, han dejado preparado el testamento… pero después de eso han caído en picado y se han desmoronado. Luego suben, lo aceptan y siguen adelante. Ahí ves que la vida son cuatro días, que te puede tocar a ti aunque no te lo creas, y que mejor vivir cada día como si fuera el último.

Hay mucho sufrimiento en los hospitales, muchos abuelos solos… Me enfadé con un tipo porque dejaba a su padre solo cada año para irse de vacaciones: lo ingresaban en verano a la fuerza, aunque el abuelo no tuviese nada significativo y asegurase que se encontraba bien, y volvían a buscarlo en septiembre. Le hice un comentario por el que me podrían haber despedido:

—Mire, todo lo que haga usted con sus padres, sus hijos lo ven y es lo que harán con usted. Y espero que lo hagan.

Claro que tampoco sabes cómo se ha portado el padre con su hijo, porque a veces observas el caso contrario, de abuelos que se portan fatal con sus hijas y ellas continúan ahí cada día cuidándoles. En teoría, nosotros no nos deberíamos inmiscuir en esto, pero también ejercemos una labor psicosocial, los pacientes se nos abren mucho. Sobre todo en planta, por las noches, cuando se van las visitas, haces de psicólogo, les escuchas, les sirves de apoyo... Luego escriben muchas cartas de agradecimiento, te hacen regalos e incluso te ofrecen dinero.

Los de Urgencias nos quejamos de eso porque nosotros les salvamos la vida y luego suben arriba y son los enfermeros de planta los que se llevan todas las medallas. Pero bueno, se entiende porque estar un mes ingresado en el hospital es duro, y si tienen una enfermera que les da confianza, se hace bastante más llevadero. A veces decimos que los enfermos son pesados, pero hay que tener en cuenta que si estuviéramos en su lugar, quizá seríamos mucho peor: por el estrés, porque no se respeta la intimidad... Yo reconozco que muchas veces entramos en la habitación y no nos importa que el enfermo esté desnudo, se le destapa sin más... A mí si me ingresaran y viniera la enfermera a cambiarme o lo que fuera y me destapara sin tener en cuenta mi pudor, me cabrearía bastante.

Pero bueno, aparte de eso, las sorpresas que nos llevamos nosotros son un palo, porque algunas mañanas pasas a hacer la ronda y ves que se te ha muerto algún enfermo. Con una compañera, entramos en una habitación y se dio de bruces con un paciente que estaba amarillento, una cara de muerto total... Ella se puso histérica, ante lo que le di un toque un poco contundente y el abuelillo se despertó sobresaltado:

—Ay, ¿qué ha pasado?

—Nada —le digo, y luego, hacia ella—: ¿Ves como estaba vivo?

—Sí, pero le podías haber tomado el pulso —me suelta.

—Sí, también se lo podías haber tomado tú o hacer algo a ver si reaccionaba...

***S. R.***

*A sus 40 años, lleva 18 ejerciendo como enfermera, casi siempre en Maternidad, en un centro de Hospitalet de Llobregat, en Barcelona, donde ha realizado un sondeo con sus compañeras para reunir las anécdotas más llamativas.*

Ésta me ocurrió hace quince días: estoy en Maternidad, con una compañera suplente que es más joven que yo, y, al parecer, no ve las cosas con tanta sorpresa como yo. La cuestión es que en la habitación doble teníamos el parto del día: papá, mamá y bebé. El padre le pregunta a mi compañera cómo vamos a entrar por la noche porque él se va a dormir («Cosas de papás primerizos, ¿cómo va dormir con un bebé recién nacido llorando toda la noche?», pensé yo) y, aquí viene lo gordo, añade:

—Es que he venido con tejanos y me voy a poner el camisón de mi mujer.

Yo pensé que se había quedado con mi compañera. Pero pasamos entre las once y las doce y me quedé alucinada porque se me había olvidado el comentario y entro y los veo ahí juntitos en la cama, los dos tapaditos, y él con el camisón rosa; así estuvieron toda la noche, excepto el rato en que él se levantó a buscar una botella de agua de la máquina que tenemos ¡en el pasillo!

En la Cruz Roja de Hospitalet trabajamos básicamente con sudamericanos: nace un catalán por cada treinta y cuatro sudamericanos. Y hay que decir que tienen otra cultura totalmente diferente, ni mejor ni peor, sólo diferente, como se ve en esta anécdota. Pare una señora primeriza y mis compañeras salen al pasillo a enseñárselo al padre y le hacen el típico comentario:

—Mire usted qué hermoso le ha salido su primer hijo.

A lo que el señor responde:

—El primero no, ¡el quinto!

Con la emoción se le escapó que no, que ya tenía cuatro, pero no con ella, ¡se montó un pollo!

Y ésta es aún más cachonda. Para Santos Inocentes entra la mujer al paritorio pero él no quiere acompañarla, motivo por el cual ella se queda dolida, enrabietada. Para calmarla, la enfermera le propone hacerle una broma:

—Saldré con tu hijo y con otro más y le diremos que son tuyos ambos.

Así lo hicieron:

—Mira qué sorpresa: tu mujer ha parido dos bebés en vez de uno, estarás contento, ¿no?

—¿Dos bebés? ¿Y las ecografías?

—Bueno, también se equivocan…

—¿Cómo se pueden equivocar? —interviene la abuela paterna, los dos pálidos.

—Pues sí, pero vamos, que si no lo quieren, lo damos en adopción y punto.

—No, no, si es nuestro, nos lo quedamos, claro.

Los apretaron hasta que ya era insostenible.

Tengo una compañera educadora a la que le gusta mucho explicarle a las parturientas todo lo que tienen que aprender para ser madres. Pues bien, está explicándole a una pareja la lactancia materna, eso de que antes de la primera leche sale el calostro, que es un líquido más espeso, que no se visualiza pero, conforme va chupando el bebé, sale la leche materna. Los padres están allí mirándola atentamente, como que se están enterando de todo, hasta que el hombre suelta:

—Pues yo hace media hora que estoy chupando y de aquí no sale nada.

Otra: nos viene a Urgencias de Ginecología una anciana demenciada que vivía con la hija con metrorragias (sangrado vaginal como síntoma), se le pone el espéculo y observamos una cosa muy rara el fondo. Le sacamos un sacapuntas de niño de esos que tienen una base gruesa con un conejito encima. La hija se pilló un drama porque su madre hiciera esas cosas... Pero es que estaba demenciada, no se podía esperar nada bueno. Lo peor es cuando te llega alguien «normal» con una pelota de golf ahí insertada, o una pareja de unos cuarenta borrachos ambos como una cuba, a las tres de la madrugada, argumentando que «jugando, jugando, se le ha quedado a ella un mechero dentro». Le extrajeron un bic amarillo, monísimo, que ella no se podía sacar porque se había quedado girado.

Hace ya bastantes años, debía preparar en Trauma a un joven para ir a quirófano a las ocho de la mañana y había que poner una sonda vesical. Yo iba a saco porque tenía mucha faena, de modo que entré, le expliqué que había que ponérsela y qué era, pero él no quería, se negaba a que se la pusiera. Yo no lo supe interpretar: pensé que le daba corte, que se quería escaquear y él seguía negándose, le dije que lo sentía pero que tenía mucha prisa y se la tenía que poner ya. Quité la sábana y me encontré una tienda de campaña que parecía una linterna de lo rojo que estaba aquello. Ruborizada, le dije que le dejaba quince minutos pero luego me daba un palo volver…

### *M. A. C.*

*Es una enfermera catalana que ronda la cincuentena y lleva desde su adolescencia en uno de los hospitales más importantes de Barcelona.*

Cuando yo empecé a estudiar estábamos internas, trabajábamos siete horas de mañana, siete de tarde y estudiábamos; sólo teníamos de vacaciones unos días al año y cubríamos todo el hospital, todas las especialidades. No era pan comido y encima pagábamos. Yo estaba en una habitación con diez chicas más: había justo cama, silla, cama, silla… Otras eran más afortunadas y estaban en habitaciones dobles o triples. La verdad es que fue una época muy divertida, a pesar de que teníamos que estudiar y trabajar un montón. Había enfermeras que, incluso, se escapaban por la ventana de mi habitación para salir de marcha alguna vez; las empujábamos y saltaban afuera a respirar un poco de libertad. Pero no era lo más habitual, de hecho, como estábamos tantas horas en el hospital y teníamos que trabajar por turnos, ir a clase por las tardes y estudiar, íbamos muy faltas de sueño. Además cuando nos tocaba cuidados intensivos en Urgencias no había ni una silla para enfermeras, sólo una para la supervisora, y nos pasábamos toda la noche vigilando a los pacientes, tomando las constantes, etcétera. En consecuencia, una noche tardé dos horas en tomarle el pulso al paciente porque me quedaba dormida de pie, no podía. Pero es que además, de tanto tiempo erguida, salía sin poder apoyar las plantas en el suelo, tenía que andar con los laterales. Aun así lo aguantabas todo porque te gustaba el trabajo.

En el antiguo hospital de Sant Pau las salas eran generales con todas las camas reunidas, sin separación apenas, no había habitaciones cerradas. En aquella época estaban entrando a robar drogas, analgésicos, jeringuillas y demás a las salas, y yo tenía que quedarme allí, a los 18 años, de guardia, sola en una sala con todos los pacientes, durante toda la noche. Aquélla era una noche tormentosa, se oían muchos ruidos, las puertas golpeaban... Debía levantarme para comprobar qué pasaba pero siempre lo hacía muy asustada, ante lo cual un paciente varón que estaba fatal se ofreció:

—Señorita, usted no se preocupe que yo le acompaño.

Nos fuimos los dos, yo muy nerviosa y el otro con el gotero arrastrando. Era para plantearse quién habría tenido que ayudar a quién de salirnos algún ladrón.

Claro que aún pasamos más miedo en una ocasión en la que se murió, durante otro turno, una paciente de Oncología a la que teníamos mucho cariño y fuimos a la morgue a verla. Hay que imaginarse la escena: tres jóvenes uniformadas de rosa, con delantal blanco, cofias atadas y capa azul marino, caminando por los pasillos subterráneos que comunicaban el hospital con el tanatorio, fríos, grisáceos, con esa luz tétrica de hospital... hasta llegar a la puerta de la morgue. Tocamos y apareció el celador, un tipo horroroso con los pelos de punta al que le faltaban dientes, masticando con la boca abierta sin ningún problema, como si nosotras también estuviéramos muertas y no pudiéramos verlo. Escapamos corriendo para salir de aquellos pasillos fúnebres cuanto antes.

En la primera sala de hombres que estuve me tocó guardia por la noche con una monja que hacía de supervisora y nada más llegar me soltó:

—Bienvenida a la sala más divertida y musical de todo el hospital.

A la medianoche me advirtió: «Ahora lo vas a ver». Y, efectivamente, enseguida comenzó una orquesta de ronquidos, pedos, muelles, suspiros, voces... Lo nunca oído en el Liceu.

En aquella época mi supervisora me llamaba «madame enema» porque siempre que había algún enfermo que necesitaba que se lo pusiéramos me enviaban a mí, en cuanto llegaba, me tomaba el pelo: «Venga, madame enema, te ha tocado».

Para bañar a los pacientes cuando ingresaban, si eran de etnia gitana, ya la habías armado porque desde hija de mi madre, de mi padre y de los que no lo eran, me llamaban de todo. Una vez estuve a punto de acabar dentro de la bañera con una que se resistía: por más que le explicaba que tenía que bañarse para ir a quirófano, ella se negaba.

—¡A mí nadie me quita mi olor!

Salimos todos calados como cuando bañas a un perro enorme, pero entró limpia en quirófano.

En Puerto Rico tuve a una señora que llevaba cuatro días ingresada y no consentía en bañarse. Iba toda puesta, con un moño completamente endurecido de la de años que llevaba allí coronando su cabeza, como cartón piedra. Pero la mujer no quería ducharse porque, según me dijo, ella sólo se bañaba, cada día, eso sí, con Belladona. Yo le respondí que tenía una crema superior, que más que bella, era hermosa, y que después de usarla no querría probar nada más, y conseguí que aceptara. Ahora bien, solamente el cuerpo, el moño ni tocarlo porque para arreglar aquello habría que raparla al cero.

La primera vez que fui a Partos me dejaron sola y me dispuse a vigilar a las parturientas, a ver cómo estaban. En concreto, fui a comprobar si una paciente estaba dilatando o no, con bastante miedo de meter la pata porque no tenía experiencia en ello y vi una cosa grisácea que salía por la vagina. Pensé que era un prolapso de cordón umbilical y salí corriendo a avisar al médico asustadísima, pero cuando éste llegó a comprobarlo, resultó que eran los pies del feto. Lo cierto es que a la semana ya lo tenía todo controlado; al principio cualquier cosa se te hace una montaña y luego te vas adaptando a todo, pero en aquel momento aguanté un cachondeíto al respecto...

Me encontraba en Cuidados Intensivos y en Coronarias, donde había once y seis camas, respectivamente. Teníamos que controlarlo todo, funcionábamos según una serie de protocolos y tomábamos las decisiones solas, lo cual era muy estresante. Un día que estaba en Intensivos dejé pasar a los familiares y, tras la visita, fui a ver a un paciente y me encontré con que habían cortado con tijeras el tubo del suero, parece que se lo querían cargar y echarnos la culpa a nosotras. El paciente estaba bien porque el suero era una chorrada, y no se había dado cuenta de nada porque, aunque permanecía consciente, en su estado no podía estar pendiente de todo y mucho menos de si trajinaban a la altura de la cama, por debajo de donde a él le alcanzaba la vista.

En Coronarias nos acababan de dar el pase de un turno a otro, y mi compañera y yo entrábamos mascando un chicle de fresa tan contentas cuando, de súbito, nos surgió un paciente con una fibrilación ventricular, es decir, que no le funcionaba el corazón. Picamos la alarma para que vinieran a ayudarnos, sacamos la camilla, empezamos el masaje cardíaco y nos fuimos turnando para el boca a boca; reanimamos al paciente, contabilizamos el tiempo, hicimos el proceso perfecto y, al cabo de un rato, ya tranquilas hablando de nuestra odisea, le recuerdo a mi compañera:

—Oye, ¿te has fijado que hemos hecho el boca a boca y estamos todavía masticando el chicle de fresa? ¡Y suerte que no se lo hemos pasado, porque entonces lo terminamos ahogando!

Tuvimos también un paciente al que de repente le dio un paro cardíaco y salió el auxiliar corriendo directo al paciente, le metió un mamporro en el pecho y, *pum,* arreglado. Pero el paciente desde entonces cada vez que veía al auxiliar rogaba:

—¡Éste que no se me acerque!

El pobre hombre estaba consciente y había sentido tanto la fuerza del golpe que no podía ni estar agradecido por que le hubiera salvado la vida.

En una ocasión tuvimos ingresado a un señor que estaba un poco desorientado y no se le ocurrió nada mejor que coger el palo del suero y subirse a una cama, desde donde nos amenazaba a todos con atizarnos si nos acercábamos. Los enfermeros nos congregamos alrededor intentando abalanzarnos sobre él a la vez para reducirlo, pero no había forma, hasta que vino un médico y nos pidió un palo. Cogimos otro del suero, se lo dimos y el doctor se puso en posición de mosquetero y le retó:

—En guardia.

El enfermo bajó de la cama ipso facto. Le vio la cara al médico y debió de pensar: «Uf, éste me termina de arreglar».

También nos ingresaron a un camionero muy fortachón que estaba muy desorientado: había sufrido un paro cardíaco y una noche se lo arrancó todo, empezó a desbarrar por todo el hospital, las enfermeras escondidas debajo del control, junto con los médicos, mientras los celadores intentaban controlarlo pero él podía con todos y le pegó una patada a un médico de guardia que lo mandó a la otra punta... Hasta que consiguieron sujetarlo entre varios y le iban a poner una inyección calmante entre todo el barullo de brazos, piernas, cabezas que había allí cuando un médico gritó:

—¡No, éste no, que es mi brazo!

El tipo se subió a planta, cogió la tapa de la cisterna y le daba con ella a su mujer, que intentaba tranquilizarlo, sin éxito pues le reñía:

—¡Quita, que estos científicos te tienen absorbido el seso!

Al día siguiente el médico le preguntó de qué trabajaba, para comprobar si estaba desorientado y le respondió:

—Yo, de huevero.

El doctor apuntó en el historial: «Desorientado». Y no, no lo estaba, ¡es que llevaba un camión de huevos!

Aunque intentas mantenerte alejada y no implicarte emocionalmente en exceso, siempre hay pacientes y familiares con los que empatizas más y estableces un vínculo más estrecho y te cuestionas muchas decisiones, sobre todo en las especialidades más graves, porque aquí pasamos ocho horas con ellos y al final acaban formando parte de tu mundo. De manera que al principio ves unas grandes máquinas y a pacientes muy chiquitos, luego en la etapa de equilibrio le das el valor que tienen, respectivamente, el paciente y la máquina; y al final ves al paciente muy grande y la máquina muy chiquita. Entonces consideras que las máquinas no son tan importantes y a partir de ahí ya no puedes trabajar en según qué lugares. Por ejemplo, yo muchas veces me cuestionaba la idoneidad de estar tan encima del paciente que no le dejaba descansar lo suficiente como para llevar bien su tratamiento y recuperarse. Vamos pasando por etapas y tenemos que ir asumiéndolo. Con niños he trabajado poco porque lo pasaba muy mal, tienes que tener la cabeza muy bien puesta, temía pasarme con las dosis, si lloraban me daban pena y los cogía... y así no se puede trabajar. Demasiada empatía. En cambio con los abuelos me encanta: la gente mayor es agradecida, sólo quieren que estés con ellos, les escuches, más allá de solucionarles su problema de salud, porque están muy solos.

El problema es que para eso necesitamos tiempo, y hoy en día, pese a tanta técnica y tanto avance, no tenemos tiempo para dedicarles a los pacientes todo lo que necesitarían no sólo para curarse antes y mejor, sino para prevenir un montón de problemas porque al disminuir su ansiedad, calmarles y detectar más afinadamente de dónde les viene el dolor y cuál es la intensidad del mismo, éste disminuye de forma considerable.

Con los nombres tenemos muchas anécdotas porque nos vienen con cada palabreja como: «Estoy tomando Piperina», y tú te matas la cabeza hasta averiguar que el medicamento es Eparina;

o que la enfermera Samba a la que buscan se llama Sambeal. O te preguntan: «Oiga, ¿la Pulve?», ¡y quieren saber dónde está la Fundación Puigvert! Tienes que aprender idiomas rarísimos.

***F. O.***

*Esta catalana lleva 35 de sus 55 años trabajando en el sector sanitario, la mayor parte de ellos en el mismo hospital de Barcelona, últimamente dedicada a la especialidad de ginecología.*

Las parejas que vienen a hacerse fertilización in vitro son un caso aparte. Al principio, tú les explicas todo para que no les quede ninguna duda. Hay que tener en cuenta que según la Wikipedia: «La fecundación in vitro consiste en la extracción de los óvulos y fecundación de los mismos en el laboratorio, con la posterior colocación de los embriones resultantes dentro de la cavidad uterina. Al igual que en el caso de la inseminación intrauterina, la mujer debe someterse a un tratamiento hormonal para estimular la ovulación. A continuación se realizará la extracción de los óvulos por vía vaginal (con sedación profunda). El varón recogerá una muestra de semen y entonces se efectuará en el laboratorio la fecundación de los óvulos. Pasadas unas 48 horas se realizará la transferencia intrauterina de los embriones. Si existen embriones sobrantes, se congelarán para otro ciclo si en éste no se consigue gestación». A partir de que los embriones están insertados en el útero, el embarazo se desarrolla exactamente igual que el de cualquier mujer que haya sido fecundada por la vía directa y natural, con los mismos riesgos, los mismos cambios corporales, en definitiva, un embarazo común y corriente. Pues bien, lo curioso es que estas parejas se creen que por el mero hecho de haberse realizado la fertilización in vitro, el niño va a ser genéticamente perfecto, que va a ser normal, no va a tener ningún problema, va a salir guapo e inteligente. Se piensan de verdad que los niños concebidos así son preseleccionados, como cuando vas a comprar un Mercedes. Y lo cierto es que se intenta coger lo mejor dentro de las posibilidades del óvulo y los espermatozoides de los padres, pero después no se sabe cómo va a evolucionar, eso es una aventura de la vida. Es como cuando les comunicas que va a haber dos embriones y deducen:

—Entonces me habrán puesto chico y chica, ¿no?

Y no, no se puede elegir el sexo, eso queda al azar igual que en un coito normal. Esta mala interpretación se basa en el nivel cultural, por decirlo de alguna manera, de la población. Una cosa es la capacidad de estudiar memorizando y otra la capacidad de comprensión y de análisis de lo que se les está aclarando para no dar lugar a equívocos.

No hay ningún tipo de educación sexual en este país. A pesar de que se habla mucho de sexo, de juergas sexuales de unos y otros, de liberalidad entre famosos y de prácticas varias que esto parece el puticlub más grande del mundo, aquí te das cuenta de que en cuanto a información sexológica, nadie tiene ni idea. A nivel escolar y mediático, se difunde cada vez más, pero la gente no lo asimila, no sabe exactamente lo que significa todo lo que les cuentan.

También me ha pasado que me entren por el lateral en la camilla donde les hacemos las citologías, que tiene los dos apoyaderos para las piernas delante, con lo cual, las ves que se sientan por el lado y tienen que levantar las piernas, se hacen una zeta… y cualquier día se nos cae alguna. Con lo fácil que es sentarse por el frontal, elevar las piernas y abrirlas para apoyarlas en donde corresponde.

O les dices: «Quítese la ropa de cintura para abajo», y te salen en pelotas. Les tienes que especificar: «Solamente el culo al aire, nada más que el culo». Es por inercia, no escuchan, las señoras mayores vienen tan apuradas que no atienden a lo que les estás diciendo, van con el chip de «ginecólogo = pecho y culo» y se lo quitan todo. Cuando ves que el nivel cultural de las abuelillas es muy justito, les especificas: «Quítese sólo las bragas, nada más, y no se quite los zapatos» (que si se los quita te tira para atrás).

Por la mañana, que nosotras tenemos las monitorizaciones de las inducciones de ovulación, entran las señoras y les pides:

—Reina, te has de desnudar de cintura para abajo, te coges una toallita de allí para no quedarte a la intemperie y te sientas en la punta de la camilla.

Y se meten dentro a cambiarse y te preguntan:

—¿La braga también?

—Claro, es que si no, me lo pones difícil para hacer la ecografía.

La verdad es que se bloquean las estructuras mentales, probablemente porque la mujer está cohibida, nerviosa, incómoda...

Un día nos vino una abuela con 76 años a revisión y mientras le hacíamos la ecografía, se mostraba muy ansiosa:

—Doctora, ¿todo bien?

—Sí, tranquila que no le haremos daño...

—Ya, pero ¿está todo bien?

—Sí, usted cálmese, ¿por qué está tan preocupada?

—Porque yo tengo que estar muy bien para mi marido, he de practicar, cada semana lo tenemos que hacer dos veces por lo menos, pues si no, dice que se me buscará a otra.

Yo intentando ponerme en el cerebro de una mujer de esa edad, que supuestamente lo que desea es que no le encuentren nada que le impida seguir viviendo bien el mayor tiempo posible, y resulta que su preocupación era poder continuar teniendo satisfecho a su marido octogenario. Y luego te topas con el extremo opuesto: jóvenes que se quejan de que les duele cuando les introduces el transductor para las ecografías transvaginales, que no es tan grande para alguien que ha tenido relaciones y, sin embargo, ha habido embarazadas que no sé cómo se han quedado porque nos han montado un *show* desmedido al insertárselo.

Otra muy graciosa nos pasó con los suegros de un compañero del hospital. Ella tenía cándidas y le dimos un tratamiento que, a la semana, no había surtido efecto según el cultivo. El médico me dio otra receta para que lo prolongara y el yerno intentara averiguar si lo estaba siguiendo correctamente, por si se despistaba, se olvidaba de ponerse el óvulo, etcétera. Y él se fue para su casa:

—¿Qué tal lleva el tratamiento?

—Ah, de eso se encarga él…

—¿Cómo que se encarga él?

Pues sí, el abuelo estaba convencido de que como todavía tenían relaciones sexuales, si se tomaba él las pastillas ella se curaría más deprisa de los picores, en cuanto que el medicamento le iría directo a la zona afectada. Y la pobre probablemente aún sufría más, porque le debía de escocer un montón.

En cuanto a infidelidades, hay muchos casos pero nosotras intentamos siempre no meternos en la vida privada de las parejas. Vemos casos evidentes en los que respetamos la intimidad y la decisión de la mujer, que es al fin y al cabo la que está embarazada, y ése es el tema que nos incumbe.

Partimos de una serie de elementos claros para detectar más o menos cuando se ha fecundado el óvulo: el momento preciso depende de la relación, de la velocidad del esperma y de la maduración del óvulo. Cuando te quedas embarazada el embrión tiene un crecimiento muy exacto y puede haber una oscilación de entre tres o cuatro días como margen, pero son habas contadas. Siempre es aproximado, igual que la ovulación, que puede retrasarse o adelantarse por causas diversas. Es un tema muy resbaladizo en el que hay que ir con mucho cuidado porque depende de cómo lo digas y de quién te pida la información, puedes complicar una situación simple o irrelevante que acabe en la ruptura de una relación. A mí me da igual que me expliquen cómo, cuándo y con quién ha sido, pero hay una realidad: hay una evolución y eso es infalible. A nosotros nos dan la información, hacemos el cálculo y cuando vemos con quién vienen acompañadas, somos lo más prudentes posibles. A veces nos dicen:

—Es que no puede ser porque mi marido estaba de viaje en esa fecha.

Y yo le comento:

—No te voy a poner en un compromiso y voy a ajustarte las fechas para que parezca que tu marido estaba aquí porque es tu problema, no el mío.

Al final, tú puedes decir lo mismo de manera que el otro no pueda pensar que la mujer le ha metido un gol. Nos encontramos algún que otro caso de estos, y hay que ser lo suficientemente diplomática como para que se apañen entre ellos. De tanto en tanto salen estadísticas de los niños que hay por el mundo que no son hijos del marido de su madre, sino fruto de otras relaciones extramatrimoniales. Pero es que nosotras no sabemos las circunstancias. Hay parejas que han venido a una consulta de esterilidad y la esposa ha sugerido que dándole unas vitaminas al marido, aquello se arreglaría porque le reforzarían y la podría dejar embarazada. El médico obviamente se mostraba escéptico pero ella lo convenció porque quería mucho a su marido y veía que a él le causaba un trauma que el semen no fuera suyo y no quería perderlo por su deseo de ser madre. Y al cabo de unos meses apareció embarazada celebrando:

—¿Ven qué bien le han ido las vitaminas?

—Pues sí, le han ido muy bien, la verdad.

De quién era el niño es un problema de pareja, no nuestro. No podemos ni debemos juzgar a nadie porque cada persona es diferente, ni mejor ni peor. Nosotras sólo podemos orientales para encontrar lo que están buscando.

### *M. A.*

*Con F. O. trabaja M. A. 57 años y cuarenta ejerciendo en especialidades muy diversas desde que entró interna en el complejo hospitalario barcelonés, a los 16 años.*

Nada más empezar a estudiar, me pusieron por primera vez en una sala general en la que había una chica joven con una ictericia que la tenía amarilla como un canario. Imagina mi desconocimiento: me daba angustia tocarla porque pensaba que me desteñiría. De ahí me pasaron a medicina interna, con treinta y dos pacientes en la sala con cardiópatas, sífilis, gente con delírium trémens, que cuando son alcohólicos y están muy afectados con una cirrosis hepática importante suelen sufrir también encefalopatías, alucinaciones, tienen una fuerza brutal… Uno de estos se me escapó y se tiró por la ventana una noche, en pelota picada; yo nerviosísima sin poder hacer nada, los demás enfermos calmándome y llamando a los de Seguridad para que vinieran a buscarlo. Aquello fue muy duro. Como cuando venían unos mendigos a Urgencias que los médicos se negaban a visitar hasta que los hubiéramos lavado a fondo, y no me extraña porque tenían los calcetines enganchados a las piernas: tuve que ponerlos en remojo para despegarlos, echaban una peste bestial.

Hay que tener en cuenta que ahora todo es desechable, pero cuando yo empecé mediados los sesenta se aprovechaba todo. Estuve en la sala de hombres de Oncología una temporada, con casi todos enfermos terminales y mi trabajo cada mañana consistía en pasar por todas las habitaciones y recoger las escupideras, de esas de porcelana con tapa, y era una lucha tremenda porque yo les ponía agua para que no se quedaran pegadas las flemas pero ellos la tiraban y después tenía que desincrustarlas yo. Luego, cuando sondabas a un señor que no podía hacer pipí, a lo peor se pegaba una semana con la sonda puesta, y mientras que ahora la usas un día y la tiras, antes las tenías que lavar todas una por una, se ponían en unos tubos con pastillas de formol durante veinticuatro horas y a partir de ahí se podían reutilizar de nuevo. En las salas de Otorrino, a todos los pacientes que operaban de traqueotomía había que sacarles las cánulas de plata llenas de sangre, flemas o lo que fuera para limpiarlas cada día.

No obstante, también viví historias bonitas, como las primeras navidades que pasé en la escuela, que tenía un patio muy grande como *hall*. El día de Navidad venían todos los profesores —que eran los médicos del hospital— con sus mujeres. Y nosotras bajábamos uniformadas de pies a cabeza, con los delantales almidonados, la cofia y todo, nos situábamos en las escaleras y les cantábamos villancicos. La imagen era de lo más bucólica.

He ejercido también en atención domiciliaria en Granollers, donde teníamos asignadas unas cuantas decenas de cartillas e ibas visitando según sus necesidades. Me encargaron ocuparme de un paciente que habían operado de una traqueotomía y le habían puesto en el hospital de Vall d'Hebron un respirador debido a una enfermedad neurológica que le impedía respirar solo, aunque por lo demás estaba consciente y se podía valer por sí mismo, más o menos. Me fui al hospital antes de que saliera para que me explicaran qué necesitaría hacer, me hice una idea y, el día que lo trasladaron a casa, pasé a ayudarle a él y a su mujer, que a los sesenta y tantos tenían que sobrellevar aquello de forma crónica. Entre otras cosas, ella tenía que aprender a aspirar el respirador y a quitarle la cánula de la traqueotomía cada tres o cuatro semanas.

De entrada, te da miedo porque si no lo has hecho nunca, temes hacerle daño... Los primeros días fui a enseñarle a ella y luego, a la hora de cambiarle la cánula, lo llevé a mi hospital a Urgencias para ver cómo lo llevaban a cabo, pero le hicieron tanto daño y lo pasó tan mal que estuve segura de que yo se lo haría con más cuidado la próxima vez. De todos modos, él ya me advirtió que no volvería al hospital más. Poco a poco la señora fue asumiendo su papel y ya no me necesitaba tanto, pero lo cierto es que es muy gratificante ir a las casas, te lo agradecen mucho.

Ahora en Ginecología, hacemos diagnóstico prenatal, de todas las embarazadas que tienen alguna patología o riesgo, controlamos el feto... Y un día vino una señora con un embarazo gemelar a la que le habían realizado la amniocentesis en otro centro, pero nos la remitieron a nosotros por determinados problemas. En el momento del parto fui a verla porque era un caso interesante y lo que en principio le habían dicho que eran dos niñas, resultaron ser un niño y una niña. Al parecer, durante la amniocentesis le pincharon sólo en una de las bolsas en lugar de pinchar en las dos, como hacemos aquí, argumentando que con una misma aguja pasaba de una bolsa a la otra. Y no pasó, claro. Pero bueno, la cuestión es que nacieron ambos bien, y nosotros excusamos al otro centro diciéndoles que aquello podía pasar, que a lo mejor se mezcló el líquido amniótico...

En otra ocasión, llamó una compañera que estaba embarazada para ver los resultados de la biopsia y le felicité porque era un niño. Se puso muy contenta porque tenía ya dos niñas, pero cuando a los quince días viene para hacerse la ecografía, me doy cuenta de que es una niña. Me quedé horrorizada, busqué la libreta de todas las pruebas que se habían hecho aquel día, llamé al laboratorio y resulta que habían cambiado los tubos con el de otra señora que sí tendría el niño. Tuve que llamarla también a ésta para darle las explicaciones pertinentes; suerte que ambos estaban bien.

Además extraigo sangre a las mujeres para hacer cariotipos en sangre, es decir, para ver su fórmula cromosómica. Una vez una doctora que lleva los temas de menopausia me envió a una paciente con un fallo ovárico, le saqué sangre y al cabo de un mes me llaman del laboratorio alertándome de que me he equivocado y les he enviado sangre a nombre de una señora y es un señor, porque salen los cromosomas XY. Yo lo dudaba pero llamé a la paciente para comprobarlo, le argumenté que se me había caído el tubo por lo que debía pincharla otra vez. Cuando vino, era efectivamente una mujer, no transexual ni nada, era todo suyo. Saqué sangre otra vez y les pedí que lo hicieran rápido para llegar a tiempo a su visita a la ginecóloga. Así fue, pero volvió a salir que era un hombre. Al final, con la doctora, conseguimos averiguar que le habían hecho un transplante de riñón, y éste era de su hermano, por lo cual, en sangre le salía la fórmula de su hermano. Si hubiéramos hecho una biopsia de piel, habrían salido sus cromosomas XX, pero el susto que nos pegamos y la semana que estuve preocupada por si me había equivocado...

A veces, el médico recomienda a las menopaúsicas que si tienen miomas habría que quitarlos, hacer una limpieza... ¡Y se preocupan porque se quedarán sin regla y entonces dejarán de ser una mujer! Y de eso nada, incluso pueden estar más tranquilas y disfrutar de su sexualidad mucho mejor. También vino una señora de cincuenta y tantos a hacerse una ecografía porque estaba preocupada por algo. Le preguntamos:

—¿Ha tenido relaciones sexuales?

—No, porque claro, en el pueblo, en aquellas épocas, con la educación tan reprimida que me inculcó mi madre y la sociedad tan restrictiva, que no nos dejaban hacer nada...

Así que la doctora la propuso hacerle la inspección por vía vaginal introduciéndole el transductor. Y ella accedió en cuanto le confirmamos que después le resultaría más fácil tener relaciones, puesto que perdería el himen. Lo intentamos, le hizo un poco de daño, pero, efectivamente, la desvirgamos. Y la señora quedó contentísima y agradecidísima:

—Toda mi vida sufriendo, no queriendo salir con nadie por el miedo a esto, y ahora tengo un amigo y con lo que me habéis hecho podré tener relaciones con él. Y así no me dará vergüenza confesarle que soy virgen. Si lo llego a saber, vengo antes.

Una parienta de alguien que trabajaba aquí le contó que llevaba casada desde hacía muchos años pero no conseguían tener hijos y la trajo a ver qué le ocurría. En la consulta vimos que era virgen, que no habían hecho nunca el amor por delante, por la vagina: tuvieron que dilatarla, romperle el himen y al cabo de un tiempo se quedó embarazada. Te quedas alucinada de que a una persona casada no se le ocurra justamente hacerlo por ahí.

Hace un par de años tuvimos una embarazada con una patología importante, sangraba muchísimo y le hicimos muchísimos controles. Un buen día tuve que llamarla para darle cita, busqué el teléfono, llamé y se me puso un señor.

—¿La señora X?

—Sí, soy su marido, pero ella no está.

—Ah, era para darle una cita…

—¿Y cómo le va el embarazo?

Yo pensé: «Anda, si es el marido, ¿cómo me pregunta a mí que qué tal le va el embarazo a su mujer?», y quise averiguar:

—Perdone, ¿es que no vive con usted?

—No, es que estamos separados.

—Pues entonces, lo siento, pero eso es algo que le tiene que contar ella, no yo.

Intento no meterme en la vida privada de los demás, nunca pregunto a menos que vea que la señora quiere hablarlo. Haces de mediadora entre médico, señora, familia, parejas… Tienes que saber escuchar, detectar y hablar sólo cuando es necesario. La verdad es que el médico es la persona que las cura, pero con él no tienen la confianza de expresar sus sentimientos como con nosotras, que somos las que cuidamos a los pacientes. Yo llevo cuarenta años y no creo que sea una profesión mal valorada, aunque sí un poco ingrata porque cuando cuidas a una persona está pasando un momento en que necesita que le hagas de todo: que le des de comer, la laves, la limpies, la cambies… y eso la gente no lo quiere recordar una vez está sana. Sólo se acuerdan del médico, que es el que les ha procurado el resultado final de sentirse mejor. No obstante, sí me han proporcionado muchas satisfacciones algunas mujeres que me han llamado al cabo del tiempo agradeciéndome lo que les ayudé, el trato que les di, o pidiéndome que les lleve yo en su próximo embarazo... Y eso siempre se agradece, pero no es lo más habitual. A pesar de ello, me siento muy a gusto siendo enfermera, no cambiaría después de cuatro décadas todo lo que he hecho en mi vida. Partiendo de que nosotras cuidamos, no curamos, no necesito sentirme alabada, prefiero ver en el momento que la señora a la que cuido me lo agradece, aunque luego se olvide, porque me siento útil, me resulta gratificante. No es imprescindible que te lo reconozcan a bombo y platillo porque basta con la satisfacción del trabajo bien hecho, de estar segura cuando te marchas de que has hecho cuanto tenías que hacer y como tenías que hacerlo. Yo me siento muy reconocida, muy orgullosa de ser enfermera, nunca me he sentido mal considerada, hago y deshago como creo conveniente y la gente que trabaja conmigo me respeta muchísimo cuando opino algo. Hay que buscarse el reconocimiento, no esperar que el otro te lo dé sin ganártelo tú demostrando cada día que lo haces bien.

Claro que nosotras tenemos un obstáculo que lo complica todo: somos mujeres. Sólo nos faltaría ser negras para que nos discriminaran aún más. Pero si tú sabes hacer tu trabajo y marcas tu territorio, te ganas el respeto. Yo he hecho de todo: aparte de los doce años aquí, he estado en Urgencias, en Medicina General, en Cirugía, en transplantes de médula ósea... pero, por ejemplo, cuando vinieron de EE.UU. los doctores que hicieron el primer transplante de corazón aquí, empezamos a hacer cirugía cardíaca. Yo estaba en bombas extracorpóreas, donde manipulaba la bomba que mantiene la circulación sanguínea en el estado perfecto mientras operan el corazón y en cuidados intensivos postoperatorios. El doctor Aris, que es un excelente profesional pero muy quisquilloso, venía los primeros días y me controlaba:

—Señorita Amenedo, ¿ha hecho esto? —me preguntaba por cualquier cosa.

—Sí, doctor.

—¿Seguro que lo ha hecho?

En cuanto me insistió así le contesté:

—Oiga, ¿dudo yo de lo que usted hace? Pues entonces no dude de lo que hago yo.

Y nunca jamás lo repitió. Pero hacer esto implica que luego tú tienes que hacerlo perfecto, y si te equivocas, admitirlo. Yo me he equivocado, más de una vez, y a veces, errores que han perjudicado a un paciente. No gravemente, por suerte, pero sí que requerían una solución y para ello hay que reconocerlo y no callarte o culpar al que viene detrás o al médico. Me equivoqué una vez y cuando me di cuenta me hubiera querido morir. La señora estaba tendida en la camilla y me vio tan mal que me consolaba ella a mí, a pesar de que la tenía que volver a pinchar.

Estando en el hospital de Terrasa, una compañera que era muy graciosa contó que había venido a consulta un señor que era tartamudo a que le quitaran una uña del dedo gordo del pie. Pero el médico se equivocó entre las dos historias que la enfermera le había colocado una al lado de la otra, y se dispuso a hacerle un lavado de estómago. El pobre tartamudo cuando lo oyó, intentaba explicarle que no, que él había venido por la uña, pero al ponerse nervioso no conseguía hacerse entender y ya se veía en la camilla. Finalmente, el médico se dio cuenta de que estaba a punto de meter la pata.

Me encontraba un día en Cuidados Intensivos de postoperatorio y sale un cirujano de quirófano:

—A ver, a este señor de qué le tengo que operar, porque me han dicho que de una hernia izquierda y no tiene hernia.

Resulta que era una apendicitis, en el lado contrario, claro. El señor salió con dos cortes que hubo que explicarle al despertarse:

—No, es que han visto que tenía otro problema y han aprovechado la ocasión. Ahora cuando venga el doctor ya le detallará...

Todo esto que ves te va formando, pero lo importante es asumir la parte de responsabilidad que tienes en los hechos. Y sobre todo, ha de ser vocacional, porque yo he dado clase en Blanquerna y me frustraba mucho cuando le preguntaba a las alumnas por qué estudiaban Enfermería y me daban razones como que era una de las opciones que tenía, que quería montarse una consulta o trabajar en una ortopedia, que quería trabajar en laboratorio pero no en el trato con el paciente... Alguien así nunca llegará a ser una buena enfermera, porque no se ha planteado de verdad qué significa esta profesión que implica cuidar a las personas. Otra cosa es que sufras menos con un adulto que con un niño o con un enfermo psiquiátrico que con uno normal, puedes elegir, claro, mas no puedes dejar de cuidarlos igual de bien a todos cuando te tocan.

Te tienes que preparar para ayudar a sanar, a morir... Porque la muerte forma parte del oficio: yo practico abortos legales y selectivos, cosa que no es fácil porque a veces tienes dos fetos y uno tienen una malformación u otro problema y tienes que pararlo. Cuando el médico pincha y tú inyectas, ves que el corazón deja de latir y eso resulta duro, pero lo tienes que asistir. Aquí hasta ahora la eutanasia activa no se ha hecho, pero yo pienso que sí se tiene que ayudar a morir con dignidad, a esas personas que llegan a un límite en el que ya no son nada no sé por qué no habría que ayudarles a paliar su sufrimiento. Lo que pasa es que es muy difícil. Yo he visto morir a mucha gente, y mucha que me ha impactado: en Oncología vi morir a un chico joven que, por la mañana cuando llegué, me avisó:

—María, hoy me voy a morir, llama a mis padres que viven lejos, que los quiero ver antes de morir.

Se murió aquel día mismo, pero sus padres llegaron a tiempo, se despidió de todos y cada uno de nosotros, y fue muy triste, pero es muy bonito cuando te dan las gracias, por haber estado a su lado, por haberle hecho sentir lo mejor posible hasta el último respiro... Es curioso cómo los enfermos saben cuándo se van a morir, a veces somos nosotros los que no queremos verlo.

Pero para contrastar esta tristeza, voy a contar otra con la que me reí muchísimo: estaba el ginecólogo enseñándole a un padre el electrocardiograma del feto que anidaba en el vientre de su esposa y el futuro progenitor le preguntó:

—¿Esto que es?, ¿los dientes?

¡Eran los picos de los latidos del corazón! ¿Desde cuándo los niños nacen con la dentadura ya completa?

***L. M.***

*En 2003, con 26 años, empezó a desarrollar su carrera, fundamentalmente en una clínica de urología, nefrología y andrología;*

*aunque lo ha combinado con su labor en una unidad de terminales de SIDA y en la especialidad de oncología, trabajando en paliativos, con terminales de cáncer.*

A Urología y Andrología, que es donde más he estado, nos derivan todos los casos de caca, culo, pis, de manera que me paso el día poniendo sondas y viendo penes, una media de diez diarios. Con los señores te pasa absolutamente de todo, desde el abuelo que se arranca la sonda, a ideas de lo más lunáticas que tienen los señores con su sonda y preguntas de lo más comprometedor, como el típico abuelo que se va de alta a su casa y te pregunta, discretamente, que cómo se lo va a montar con su señora con aquello puesto, porque todavía le achucha. La primera vez te pones de todos los colores, luego te acostumbras. Y tú te alegras de que aún le achuche pero le tienes que dar la mala noticia de que con el tubito ahí insertado, será un poco difícil.

A urgencias nos ha venido un señor con una botella en el culo que le había hecho vacío, pero de litro y medio de agua, no te pienses, que el médico no tenía ni idea de cómo sacar aquello. Rollo MacGyver, al final, ideó un mecanismo con un clip, lo desmontó, quemó la punta con un mechero y empezó a agujerear la base para que perdiera el aire. Y luego, con otro clip en plan ganchito, logró tirar de ella hacia fuera. La peña se mete auténticas barbaridades, como el del telefonillo de la ducha, que entró doblado por la puerta de Urgencias: «Tengo que ver al médico». Y el recepcionista lo vio tan mal, con una cara de dolor que se moría, que ni quiso investigar más. Lo pasó directo a Urgencias y, cuando se quitó el abrigo, tenía el teléfono de la ducha metido en el culo. Desenroscado del cable, claro, porque si tiraba de él, se rasgaba, en cuanto que el recto tiende a contraerse. Otro señor con la verga dentro de un bote de «Fa» que, como vino a las tantas de la noche con toda su familia, dio la versión oficial de que se había resbalado en la bañera y justo se le había atascado ahí, que dices tú, vaya puntería, caballero.

A otro hombre se le cayeron los huevos porque estaba en un juego de sado, le ataron los testículos, y sin ellos que se quedó, vino con ellos en la mano. Y poca cosa se pudo hacer.

Y un chaval nos llegó a las 3 de la madrugada con el pene y los testículos del tamaño de su cabeza atrapados en una anilla de metal bien gorda. Tenía por costumbre meterlo todo a través del aro con su pareja, pero aquel mal día no se lo podía sacar, desde las 6 de la tarde que llevaba intentándolo. Y a nosotros nos costó lo nuestro porque el médico, después de mucho pensar, decidió subir a planta a preguntar quién era la enfermera de más edad. Sale ésta y le pregunta:

_¿Tú que harías si te viene alguien con una anilla en el pene y no se la puedes sacar?

_¿Esto es pregunta trampa?

_No, tengo a uno abajo que cuando vuelva posiblemente se le habrá caído todo al suelo.

Al final, tras ponerle hielo y más hielo, corticoides para bajar la inflamación y que nada de ello diera resultado, llamamos a otro hospital para que nos pasaran una máquina serradora que utilizan allá para cortar los anillos a los accidentados y quemados por si se les hinchan los dedos. En principio, la máquina no corta nada mucho más grueso que un anillo, pero lo intentamos a la desesperada y se le pudo quitar. Aquella fue muy sonada, todo el hospital necesitaba bajar a Urgencias a por algo aquella noche, qué casualidad, hasta que el supervisor llamó a todas las plantas y prohibió terminantemente que alguien más bajara a ver al accidentado.

No sé si es que a muchos les gusta el morbo del riesgo pero es que yo no entiendo que, habiendo oído ya tantas historias, la gente siga insertándose esas cosas, existiendo farmacias de guardia y máquinas de preservativos, sex shops donde venden de todo homologado y seguro... Se deben de creer que son leyendas urbanas, pero no, pasan, vaya que si pasan. Y cuando te entran historias así te das cuenta de que el ser humano, el sentido común, lo maneja poco. Sobre todo cuando le da el calentón, usa poco la razón, ante un subidón hacen cosas que les llevan de camino a la ruina.

Aunque otros tienen, simplemente, mala suerte. A un amigo médico en Valladolid, cuando hizo la rotación por Urgencias le llegó una chica con un vibrador que se le había adentrado y quedado allá encallado, en funcionamiento. ¿Cómo le quitas a alguien un vibrador que está allá arriba dale que te pego? Pues la apartaron en una camilla en un lugar discreto del hospital y esperaron hasta que se le acabaron las pilas y se lo pudieron extraer. «Menos mal que son chismes que gastan mucha energía», celebraba mi amigo. Pobrecita, qué vergüenza tuvo que pasar.

Por no hablar del joven que vino tapándose sus partes con una toalla toda ensangrentada y su novia le enseñó el aparato dental al de recepción, que ya está curado de espanto, para escenificarle que se ha quedado enganchada con los brackets y le ha roto el frenillo con los hierritos de marras.

Un chiquillo de 19 añitos se acercó un domingo por la tarde a urgencias, porque, literalmente, le dolían los huevos. El médico le exploró, todo normal; pero vamos hablando con él y nos comenta que a su hermano ya le pasó una vez. ¿El qué? «No, pues nada, que es que yo... me he echado novia. Pero es que ésta es novia de verdad y yo la quiero y la respeto. Y claro, ayer nos emocionamos, pero yo la respeto mucho». El pobre estaba que no aguantaba más. Prescripción médica: «Si no haces el amor, mastúrbate». Los apuros que pasó para contarnos aquello, el angelito. Y los que me quería endilgar el médico a mí cuando me pidió que se lo dijera yo. Me negué: «Mira, esto es prescripción médica, se lo dices tú, os sentáis ahí tranquilamente y habláis de hombre a hombre».

Otro tipo que vino un domingo de Semana Santa, que tenía que estar malo malísimo porque todo el mundo estaba de puente, a Urgencias. No me acuerdo de si era marroquí o paquistaní pero era difícil entenderse con él por el idioma, de hecho, tuvimos que recurrir a un paciente que había por allí que era paisano suyo y hablaba castellano para comprender lo que le pasaba. Él estaba preocupadísimo, se te caía el alma a los pies, porque hacía tres meses que no se le levantaba. Y no había podido ir a su médico de cabecera, no, vino a Urgencias un domingo, y el médico de guardia, todo indignado, lo quería mandar para casa. Tuvimos que convencerle de que ya que había pasado todo el suplicio y lo tenía que derivar al médico, le escribiera un informe para evitarle tener que contarlo todo otra vez, con las dificultades para comunicarse y la vergüenza subsiguientes. Es que si no iba a ir de drama en drama y no iba a acabar con el asunto en su vida.

Lo cierto es que los motivos de la gente para venir a urgencias son muy relativos, a veces te das de cabezazos de lo increíble que te parece que vengan por eso. En cambio, día que hay partido, a nadie le duele nada. A nadie. Se pueden estar muriendo que aguanta todo cristo en casa. Y más en urología, que son todos hombres, aguantan lo que les echen si hay partido. Eso sí, en cuanto se acaba, no te puedes creer la fila de taxis que va creándose ahí en la puerta. La sonda que se me ha atascado, tengo un dolor que me muero, un cólico de no sé qué... pero se han trincado su partido previamente como campeones. Así que el que viene durante el partido, sabes que viene reventado. O que no le gusta el fútbol.

En verano te encuentras a la típica familia que intentan endosar al yayo o la yaya de turno, «que se está muriendo». «Pues yo la veo también a la señora, y tan ricamente…» Y es que se quieren ir de vacaciones... «Motivos de ingreso no tenemos, en todo caso habría que cambiarle la pauta de la medicación, darle una aspirina». Entonces te montan el pollo, que te van a denunciar porque es una vergüenza, etc. Y les animamos a que la pongan porque carece de criterio de ingreso. Esto pasa mucho, de hecho, creo que la Generalitat ha aprobado un plan para acoger durante quince días a la persona mayor que tenga la familia a su cargo para darle un respiro. Es difícil conseguirlo porque hay pocas camas y muchas familias optando, pero es estupendo porque los meten en un centro sociosanitario donde están muy bien cuidados y así se pueden ir y despejarse esas familias que viven un auténtico calvario y están súper sujetas.

En Andrología nos encargamos de todo lo que sea pene y aledaños. Ingresan muchos hombres con disfunción eréctil para hacerle un estudio para saber a qué se debe la falta de erección, si a motivos psicológicos o físicos. Llamada Rigiscan, es una prueba para ver si hay erecciones nocturnas, durante el sueño, y consiste en conectarle dos sensores en forma de arandelas, una en la base y otra en la punta, que van mandando señales a un aparato que registra todo el movimiento. Es un show porque tienes que conectarles los aparatos, que imponen bastante, y dejarlos allá en la cama con eso controlando.

Pero aún es peor colocar prótesis de pene cuando la disfunción eréctil se debe a causas físicas. Tienes que explicarles que la prótesis es hidráulica, rígida o semi rígida, y que se coloca dentro del pene, con lo cual parece que están empalmados permanentemente, aunque tiene un botón con el que se pone erecta del todo. Hay quien lo lleva muy bien y cuando llegas a rasurar están allí tirados en plan chulo de playa; hay quien lo lleva fatal, con un complejo tremendo, otros con mucho miedo y preocupación... Yo no he tenido a ninguno que se lo pusiera por motivos estéticos (de hecho, sería absurdo porque no queda un pene normal), sino porque les genera un problema en su vida cotidiana. Pongamos por caso un hombre de 50 años al que operan de cáncer de próstata y se queda impotente; pues lo pasa fatal. Y hasta que se acostumbran a aquello, pasan por el temor de que se les note, de que se vea un pedazo de paquete... Les cuesta bastante.

Se hacen también operaciones de corporoplastia, cuando el pene está torcido para alguno de los lados o hacia arriba o hacia abajo. Hay hombres que en reposo la tienen normal pero empalmada se les tuerce y les causa un problema a la hora de la penetración porque o haces el pino puente o no hay manera. Y estos tienen que traer unas fotos del pene torcido a fin de que el cirujano, antes de intervenir, se las mire para ver hacia dónde se le tuerce y poder corregirlo, enderezarla, por así decirlo. En quirófano luego provocan una erección inyectando una sustancia, para cerciorarse, pero ver las fotos es la caña porque tienen que estar tomadas desde arriba, desde los laterales, de frente... Sin que se vea la cara del señor ni en plan posturita posando en bolas, sino la zona en cuestión erecta. Y, obviamente, son fotos caseras, así que ves de fondo el aparador del salón, con las fotos de las comuniones de los niños, o el espejo del mueble del dormitorio, que tiene encima un florerito con sus flores de plástico...

En cuanto a Nefrología, el enfermo de riñón es muy obsesivo y tiene un carácter muy agriado porque son enfermos crónicos, llevan mucho tiempo enfermos, han pasado por diálisis, han de pegarse tres o cuatro horas al día enganchados a una máquina... Tienen la sensación de que esa máquina, que es lo que más odian, es, a su vez, lo que les mantiene vivos. Y esto les perturba bastante, la familia lo pasa bastante mal.

Una de las especialidades de la clínica donde trabajo son los trasplantes de riñón, y habitualmente nos llevamos tremendas alegrías, pero a veces hay problemas ya que, si bien la mayoría de los riñones provienen de cadáveres, en ocasiones se hacen trasplantes de donante vivo. Es el caso de una pareja joven en la que la chica tenía antecedentes familiares de enfermedades renales y eran congénitas, con lo cual ella sabía que se tenía que cuidar mucho y así lo había hecho durante muchos años pero luego decidió dejar de vigilarse y acabó con una insuficiencia renal mortal. Su marido quiso donarle el riñón, y tras hacerse las pruebas y confirmar que eran compatibles, que no siempre lo son, se lo trasplantaron. Ella está divina de la muerte, mas él casi se nos queda en el intento. Lo ha pasado fatal debido a que hizo una complicación de aquellas de una entre un millón y lo tuvimos que sacar en silla de ruedas de quirófano como un cadáver, dudando si sobreviviría. Ahora se ha recuperado pero es él quien necesita diálisis, él que era un tío sano, con dos riñones, estupendo, joven, con una hija pequeña... Fue una situación muy dramática, para ellos sobre todo, pero para el equipo profesional también.

Ahora bien, eso no significa que tenga que fallar siempre. En la mayor parte de las donaciones de padres a hijos, de esposo a esposa o viceversa, va todo genial, se puede vivir con un riñón.

Con los enfermos terminales de SIDA hay que tener en cuenta que es gente de muy mala vida, salidos de penitenciaria porque se les aplica un régimen especial por estar ya desahuciados, politóxicomanos, ex prostitutas, etc. Da margen a las risas porque son muy espontáneos y ahí llegas tú de enfermerita monísima y te encuentras con una caterva de macarras que se las saben todas y no sabes cómo lidiar con ellos. Yo además estaba de noche, sola, con diez enfermos. Te desarman con sus comentarios, te cuentan sus vidas, que son superintensas... Y con lo mal que están ves que están pagando con creces todas las macarradas que hayan podido hacer en su vida. Hay mujeres con cuarenta años que no pueden ni subirse las bragas solas porque están hechas un asco, han pasado por el talego, se han prostituido, han sido yonquis, han sufrido malos tratos, han tenido familias que no se pueden ni considerar como tales... Son pacientes muy psiquiátricos todos, o por las adicciones, que son las culpables de que ahora vayan todos de medicación hasta arriba, o por los traumas que acumulan.

Lo más curioso es cómo aguantan colgando de un hilo para morir hasta que no saldan sus cuentas pendientes, esperan a que venga un hermano de no sé dónde o a que se solucione no sé qué para terminar con su agonía.

También nos pasó con una abuela, que no entendíamos cómo podía resistir. Transcurrían las semanas y su agonía no se acababa nunca, nos parecía eterna. Y resulta que tenía un hijo en la cárcel de alta seguridad, y costaba dios y ayuda que le dieran un permiso para venir a visitar a la madre enferma. No en vano, cuando por fin conseguimos, tras mucha burocracia y papeleos, que se lo dieran, cortaron la calle, vinieron seis Mossos de Esquadra en plan armario, con las metralletas al pecho, nos revisaron todo, tuvimos que quitar cosas de los pasillos, pusieron a un mosso como la copa de un pino vestido de calle pero con la metralleta cruzada al pecho en la puerta del ascensor, de forma que todo el que subía a la planta se metía un susto de infarto. Todo muy discreto. Al final, el famoso preso de alta peligrosidad vino a planta, y de los 30 minutos de permiso que le habían dado, aguantó 5 minutos al ver a su madre en aquel estado, le afectó muchísimo. Y esa noche la mujer se murió en paz.

Eso es tan curioso como la gente que aprovecha el momento en que se queda sola para morir. Esos vínculos les atan, y hasta que no los sueltan, no se van: Señora que está al pie de la cama días y días, no se va a dormir a casa, casi ni se ducha, ni come, etc. porque sabe que va a llegar el fatídico momento. Pues en esos cinco minutos en que se despista y se duerme, o se va a fumar o a la cafetería o que alguien la llama para no sé qué; pum, aprovecha su familiar la palma. En paliativos se dan muchas situaciones de éstas.

Así como de pacientes que te llegan hechos un asco, para cogerlos con pinzas y luego se estabiliza con la medicación y se les puede enviar a casa. Hay que partir de la base de que todos van a morir, en un plazo más corto o más largo de tiempo, y que su enfermedad es incurable, pero sí que se puede trabajar para paliar todos los síntomas y que esté confortable tanto el enfermo como la familia.

En una época, estaba en la consulta externa haciendo atención telefónica a paliativos y, un suponer, llamaba al abuelo a ver qué tal le había ido con los cambios de la medicación y me decía que no le hacía nada. «Pero a ver, de lo que está tomando, ¿cuál era la pastilla que le pusimos?». (Imagínate, una pauta de paracetamol, Ibuprofeno y otra para ir al baño). «No sé». «Bueno, coja la caja y dígame qué es lo que está tomando». Entonces toman: Prapafol, propopofeno... No hay manera humana de que pronuncien bien lo que están tomando, y para mí es elemental, para saber si funciona el tratamiento. O igual te cambian que el paracetamol es el de dar de vientre, y el de dar de vientre es el que les quita el dolor de cabeza... Muchos no ven, o no saben leer o no se aclaran y es misión imposible comunicarse con ellos.

Aquí se hace mucho trabajo con las familias para prepararles psicológicamente. Es más, el equipo es mucho más amplio que en otras disciplinas, donde basta con médico, enfermera y auxiliar. A ellos se suman un trabajador social, un psicólogo... y se abordan las enfermedades de otra manera. El médico es mucho más cercano, se sienta, le coge la mano al enfermo, le habla, le toca, le pregunta, le deja opinar, si llora, le deja que llore, no se va corriendo, se queda ahí aguantando el tipo, dando apoyo a la familia. A esto se dedica gente a la que ya le atrae y le interesan los enfermos terminales y su carácter es muy afín a esta forma de trabajar. Los médicos que se dedican a paliativos son oncólogos, internistas, geriatras, o sea, que han decidido la especialidad por sí mismos, y, por tanto, actúan de modo diferente a la medicina general. Va todo con más calma, se tiene muy en cuenta el plano emocional. Tú le preguntas a un urólogo por el distrés emocional y te mira atónito: «¿Eso, eso tiene que ver con las sondas?» Pues no. Estos suelen ser gente muy optimista, muy alegre y vital. Vas a la cafetería y donde más carcajadas se oye, allá están ellos, se hacen muchas bromas, porque con tanto drama permanente se lo toman todo con muchísimo más humor.

Es que allá te pegan unos sustos a veces cuando se muere alguien. Tienes ya todo preparado al extinto para que entre la familia, y de repente se incorpora en la cama, o hace un ruido que no sabes de dónde viene, o erupta... Pero nada comparado con aquella ocasión en la que a los camilleros se les cayó el muerto al suelo cuando lo fueron a pasar de la cama a la camilla, que no estaba frenada. Menos mal que estaba la familia afuera, pero tuvimos que recomponernos antes de salir para que no notaran que nos habíamos estado partiendo de la risa y los pobres estaban todos llorando, claro. El tipo tienes que aguantarlo muchas veces, cuando te acuerdas de algo gracioso en pleno duelo, o el paciente te hace una pregunta absurda, pero no por ello menos seria y, lógicamente, no puedes cachondearte de ello pues le estarías perdiendo el respeto.

Ahora bien, hay historias en las que te resulta inevitable reírte. Esta le pasó a una amiga mía cuando estábamos de prácticas en Navarra, donde estudié la carrera. A ella le tocó en un centro de atención primaria y a mí en otro, pero nos juntábamos a comer para contarnos todas las aventuras de la mañana. Una de estas le está tomando la tensión a un abuelito que, de paso, dejó caer que le dolía una cadera. Le conminó a que se estirara en la camilla para revisarlo y se negó con el argumento de que se le caía la orina. «¿Cómo que se le cae la orina? A ver, póngase en la camilla, bájese los pantalones que le voy a echar un vistazo...» «No, no, no, en la camilla no, que se me cae la orina». «Y dale. Bueno, pues bájese los pantalones de pie y se lo miro».

Entonces nota un bulto extraño debajo de los calzoncillos y le pide que se los baje. Pues bien, el abuelo, incontinente, se había montado un invento casero digno de foto: había cogido un bote de mayonesa Kraft _aún estaba la etiqueta puesta_, había puesto un cartoncito en el fondo y había metido el pene dentro. Con una cuerda de cortina se lo había atado por un extremo a la boca del bote y, por el otro, a la cintura. Con lo cual llevaba toda la cintura escocida, llena de pupas, del roce del nylon en pleno verano, con el calor que hace en Pamplona, todo el bote lleno de pipí, y la verga allá metida como en salmuera. Imagínate cómo estaba aquello. Las dos tiradas por el suelo, enfermera y alumna, dobladas de la risa. Al abuelo lo sondaron y le hacían ir al ambulatorio para curarle, porque tenía el pene llagado, vamos, era una llaga en sí mismo. Y él estaba encantado de que la enfermera le diera cremita, pero la sonda le duró puesta tres días, al tercero pensó: «Esto es una mierda, donde esté mi bote, que se quite este cacharro». Se arrancó la sonda, con globo y con todo, pero él siguió yendo a que le hicieran las curas, que lo de la cremita ya le parecía bien.

Caso aparte es el hidrocele, la acumulación de líquido en el escroto, en la piel que hay alrededor de los testículos, hay algunos que lo tienen congénito. Yo he visto a un abuelo con un hidrocele que era como su cabeza, porque además tenía una hernia a ese nivel, o sea que aquello era descomunal. Enorme. Esperan mucho tiempo hasta que vienen a consultarlo, supongo que les da mucho pudor. Todo lo que relativo al sexo conlleva un gran tabú, nos montamos unas paranoias todos impresionantes. Si a eso le juntas la incultura, te encuentras con casos como que llevan a una chavalilla de 17 años por un cólico y en realidad está de parto y nadie se había dado cuenta de que estaba embarazada. Estaba rellenita, sí, y había cogido unos kilos, pero no lo achacaba a eso. Y el cólico se convirtió en bebé. También se ha dado que una parturienta, después de dar a luz, niegue haber parido. Y los abortos clandestinos de personas con menos recursos y bajo nivel económico son auténticas barbaridades. No es lo habitual, pero se siguen detectando, a día de hoy, sobre todo entre mujeres inmigrantes y prostitutas, que se practican un aborto casero pinchándose con una aguja de punto, por ejemplo. Una joven rumana se la metió tan adentro que se perforó el útero.

Está visto que en situaciones de desesperación, podemos hacer de todo, burradas que en estado normal no haríamos. El componente ansioso provoca que a la gente se le vaya la castaña. Si tiene un dolor que le está matando, se toma lo que sea o va a Houston o a donde haga falta, se compra chorradas que les venden por televisión que no entiendes cómo se han podido creer que eso funcionaría, porque, por desgracia, hay personajes que abusan de esa desesperación. Hay charlatanes y curanderos que no son nada profesionales.

Pero no me refiero a las terapias alternativas, pues algunas son muy serias, con terapeutas con su licencia, que han cursado unos estudios y acreditan una preparación. Cada uno debe ser libre de elegir cómo quiere tratarse y lo que para ti es más que válido y te va bien, yo no tengo porqué no respetarlo. Si cumple, por descontado, unos mínimos requisitos legales, porque si te vas a ir a una clínica ilegal en la que te van a operar de cualquier manera sin cumplir un mínimo de higiene, podrías tener problemas. Pero si quieres tratarte con tai chi o te va bien el masaje ayurvédico en vez de ir a un fisioterapeuta con titulación universitaria, eres muy libre de hacerlo. El problema es cuando te viene uno diciendo que comiendo ojos de sapo se te va a pasar la impotencia con toda su cara y tú comas ojos de sapo a kilos. Yo creo que medicina tradicional y medicina alternativa se podrían ayudar mucho y aportar mucho una a la otra. Hay muy buenos y muy malos profesionales en ambos ámbitos. En medicina tradicional te encuentras a supuestos profesionales que te exasperan: «¿Por qué no te compras flores y plantas un jardín o haces ganchillo en vez de operar o cuidar enfermos? Y son licenciados o diplomados universitarios».

***A. C.***

*A sus 31 años, esta valenciana de Benicarló ha pasado por hospitales de Vinaroz, donde tocaba un poco de todo, en una clínica privada haciendo una sustitución en Girona y, desde hace unos años, en Barcelona, en varios hospitales, haciendo noches y turnos a mansalva.*

Si quieres llevar una vida mínimamente digna no puedes trabajar de noche, no coincides con nadie, no se descansa igual, tu cuerpo está más débil, te notas fiebre, estreñimiento, te sientes más depresivo... Allá estaba también en Urgencias, organizado por niveles: el nivel 2, Medicina General; nivel 3, Psiquiatría, abuelitas desorientadas que tienen miedo de que venga alguien a hacerles algo... y así, sucesivamente, Traumatología, que está muy bien porque va rodada: llegan, ves lo que hay, les haces la radiografía, y, en función del resultado, les pones un vendaje, escayola o lo que toque. En cambio en Medicina General, hasta que no se sabe lo que es, esperas el resultado de la analítica, le pones un tratamiento u otro para curarle y demás, el proceso es mucho más largo.

Desde hace unos años trabajo en el hospital Vall d'Hebron, cada temporada en una cosa: durante el invierno voy cada día a un sitio de la casa y durante el verano estoy en una planta. Empecé en Cirugía Vascular el primer verano, he estado en Hepatología, donde están todas las encefalopatías... Es curioso porque a veces se acumula líquido en el cuerpo y va a la cabeza, y para solucionarlo no queda otra que evacuarlo, por lo que les damos medicamentos para que hagan mucho de vientre. También se desorientan mucho, ven cosas raras, serpientes, gente que ha entrado en su habitación y en realidad no ha entrado nadie para nada, se arrancan el suero o la vía y la tiran contra la puerta o la pared porque no saben qué hacen con aquello puesto ni dónde están, o para llamar la atención.

A veces se ponen agresivos, a mí no me han atacado directamente pero sí que recibe patadas todo el personal que se pone por delante cuando a alguno le da un pronto.

Las hepatologías normalmente derivan en cirrosis hepáticas y hepatitis B o C, que son las que se transmiten por contagio sexual, por lo que solemos tener muchos transexuales: mujeres que antes eran hombres, hombres que antes eran mujeres… Vemos a chicas monísimas cuyo nombre es Pedro y nosotras nos debatimos en el conflicto de colocarlas con los hombres o con las mujeres. Normalmente, decidimos según cómo se van comportando, si las vemos más femeninas, más allá del hombre que sólo lleva pintada la cara y va travestido, las juntamos con las mujeres, porque algunas van muy arregladas, se ponen monísimas para ir por el hospital, se peinan mucho, andan como si fueran por la calle… Se manifiestan tal y como son en la vida cotidiana.

En Urgencias sucede mucho que viene el clan gitano con su pariente enfermo y amenazan a cualquiera en cuanto pasa algo. Pero no es cuestión de etnias o razas, mucha gente se pone histérica y empieza a chillar para entrar antes. Vino un día una señora que rompió a gritar y su hija quiso imponer que su madre entrara la primera porque se encontraba mal. Mi compañera no pudo callarse el comentario:

—Si se encontrara tan mal, no gritaría de esa manera.

Y se montó:

—¡Estás llamando mentirosa a mi madre, te voy a matar!…

No se dan cuenta de que no porque chillen se encuentran peor, muchas veces quien peor está es el que no dice nada porque no tiene ni fuerzas. Yo entiendo que ahí entra en juego el miedo a que el familiar empeore y le pase algo grave, pero ese miedo lo tiene todo el mundo, y la enfermera tiene que valorar quién está peor.

Otra planta que me gusta mucho y en la que pasan muchas cosas es la de Neurocirugía, donde hay enfermedades que a menudo son hereditarias, tumores… y, curiosamente, se produce mucha conexión entre los pacientes, se hacen amiguísimos, porque cuando te intervienen en el cerebro, la sangre llega menos y, por eso, están mucho más desinhibidos, más abiertos o desfogados. Quien más quien menos va en pelotas por el pasillo, entre ellos se hacen sus clanes, se reúnen todos en una habitación a hablar y cuando llegas tú, si les pareces guapa, te lo sueltan sin reparos; tienen mucha conexión entre ellos y se apoyan mucho, probablemente porque vienen de toda España y se encuentran sin sus familias. De hecho, en el momento de la intervención, se agolpan todos en la puerta para ver cómo ha salido y recibirlo recién lo traen de quirófano. Cómo si fueran sus familiares, en plan: «¿Estás bien? Yo voy a pasar pronto por lo mismo...». Pero es más, su relación no se queda en el ámbito hospitalario sino que después de salir conservan mucho el contacto.

En verano, cuando en teoría tendríamos que estar más tranquilos, vivimos situaciones de estrés bastante fuertes dado que tenemos a muchísimos abuelos que padecen patologías graves y, además, te requieren mucha atención. Es sorprendente porque ves a una persona que en principio te trata con cariño, es dulce y tranquila, y que, de pronto, cuando le toca la cura de su herida se vuelve como la niña de *Poltergeist.* ¿Y cómo le dices tú a una señora de 80 años: «Cállese, pero ¿qué está haciendo»? Es muy difícil trabajar con ella chillando. Es algo que no te esperas porque piensas que ya te conoce, que sabe que la cuidas bien, que no le haces daño y, que, por lo tanto, aguantará la cura como la mayoría de los pacientes. Pero no, tienen un miedo irracional que les salta como un resorte en cuanto les rozas el pie o la pierna amputada o lo que tengan mal...

Amputaciones hay muchas, por dos motivos: o porque son diabéticos que no curan bien las heridas de los pies que les surgen por los problemas de circulación, o porque son enfermos con arterias del corazón o venas obstruidas y no les llega bien la circulación a los pies de manera que van perdiendo el riego y se van gangrenando. En este último caso, hasta que no se solucionen las arterias de arriba y fluya bien la circulación, los pies se irán ennegreciendo y complicando. Y si no se consigue solucionar el problema arterial, hay que ir cortando la parte que se va momificando, que en principio tendría que ser mínima, pero si la amputación no evoluciona bien y se infecta, se puede gangrenar y se debe cortar de nuevo para que no siga subiendo. No sé por qué, pero muchas veces las amputaciones no van bien, a pesar de que vamos curando mañana, día y noche, con el tratamiento que el médico prescribe. Es una presión importante, pero nosotras sabemos que por nuestra parte no hay ninguna desidia, sino que más bien vemos que el paciente no sigue bien la alimentación o hace caso omiso de la orden de mantener la pierna estirada, de dejar de fumar… y claro, luego te quedas con un dedo del pie en la mano porque según se va momificando lo vas curando con Topionic para que se seque, y si no llega el riego se seca tanto que al final… cae.

También he estado en Quemados y hay anécdotas bonitas ya que la gente pasa mucho allí por accidentes domésticos como los típicos chorizos parrilleros, muchos niños de madres magrebíes que acostumbran a cocinar con el niño en brazos y les cae aceite o agua hirviendo; bastantes abuelitos que se queman ellos mismos en la ducha porque al no tener tanta sensibilidad en la piel no saben controlar la temperatura… También hay un número considerable de ladrones porque suelen tocar tuberías, cosas de cobre, y les pasa la electricidad por dentro y se queman, como al rumano que le amputaron un brazo porque estaba en una fábrica robando cobre y se electrocutó, y creo que uno de sus compañeros murió. En condiciones también un poco extrañas, estando en México, un chico vio a otro tumbado en el suelo que, para su desgracia, estaba electrocutado y le pasó la electricidad a las piernas y perdió no sé si una o las dos. Y, a pesar de la prevención de riesgos laborales, tenemos muchos trabajadores accidentados, mecánicos a los que les explotan motores en la cara, el tórax, los brazos, las manos que se quedan sin dedos, sólo por la falange… En general, como estos pacientes pasan mucho tiempo allá, se solidarizan mucho entre ellos: hay un antiguo paciente que cada año por Navidad se disfraza de rey negro para dar caramelos a todos los de quemados porque dice que fue uno como ellos y quiere hacerles más agradable su tiempo en el hospital. La mayoría salen bien parados, a menos que las quemaduras afecten a los órganos vitales, pero luego necesitan apoyo psicológico profesional y de otros quemados, por eso se intenta ponerlos juntos por edades, por ejemplo, si hay varios jovencitos los juntan en la misma habitación y les ves que les da vergüenza que les venga una chiquita joven a cuidarles.

En Psiquiatría he ido de segunda para ayudar a las enfermeras más especializadas, que han hecho los cursos pertinentes, y en concreto en la parte de esquizofrenias controlables, síndromes de abstinencia para controlar el alcohol, he visto a algún enfermo que se cree que es otra persona, por citar uno, el chiquito que se creía que era David Bisbal hasta el punto de que su familia le había regalado un karaoke y se lo trajo al hospital para poder cantar durante todo el día. Un chaval joven pensaba que estaba en una película de la que él era el actor principal y le tenían constantemente vigilado, como en *El show de Truman* o *1984* de Orwell. Era muy majo y muy buena persona, pero de repente se excusaba:

—Me tengo que ir porque si no me van a encontrar aquí.

Otro había tenido una especie de iluminación y estaba convencido de que era Dios: se empeñaba en proteger a su familia cuando le daban los episodios eufóricos más fuertes, que luego tienen su consiguiente bajada... lo que no quiere decir que reconozcan que tenían una paranoia, algunos insisten en lo mismo cuando están más lúcidos. De todos modos, este tipo de casos los controlan únicamente los psiquiatras, nosotras intentamos relajarlos bastante para que no pasen a mayores, porque si alguien cree que es Dios, le puede dar por volar... Los psiquiátricos son también muy promiscuos, hay que separarlos bastante para que no estén todo el día dale que te pego, como a los toxicómanos de la planta de enfermedades infecciosas, parece como si hubieran perdido todo tipo de condicionamientos sociales y de pautas de comportamiento ante los demás.

En los hospitales se da el caso de que te indican las consultas a las que tienes que ir por líneas de colores: la roja para ir a Rayos X, la amarilla para tal consulta... Bajo esas premisas, llegó al hospital de Belvitge un señor al que le dijeron que se tenía que ir al final de la línea roja a hacerse una radiografía y el pobre, ni corto ni perezoso, se fue al metro, cogió la línea roja (la L1), llegó hasta el final y al cabo de dos o tres horas volvió quejándose de que había llegado hasta la parada de Fondo pero no había encontrado ningún sitio donde le hicieran la prueba. La gente a veces se desorienta tanto en un hospital que si no lo pregunta todo cincuenta veces, no da una.

También resultan especialmente graciosos los pacientes bajo los efectos de la anestesia. Sobre todo, casi todos los abuelitos pasan por un episodio de desorientación, no saben dónde están, no reconocen a la gente, tienen sus paranoias... Muchos sueñan con dinero, con herencias, y cuando vienen los familiares les informan: «A ti no te voy a dejar nada, y a ti tampoco porque no sé qué...». Y es todo por la anestesia, que les anula cualquier filtro racional. Algunos ven moscas y se ponen a cazarlas. Y si les da por intentar ligar con la enfermera o con quien sea no se cortan ni aun estando la esposa delante.

En las plantas de Cirugía hay una colección de «cosas extraídas del ano»; de hecho hay un museo donde se pueden ver desde consoladores de todo tipo, vibradores, un toy con dos cabezas largo como una barra de pan, velas, figuritas de tipo joyero redondas, el mazo de madera de los morteros, bolas chinas, botellas de Coca-Cola, de champagne... Durante una época se puso de moda meterse ratones por el ano, y los pobres se ahogaban y tenían que venir a sacárselos a Urgencias. Lo más fuerte es que a lo mejor viene alguien con su madre de quién sabe qué edad admitiendo que estaba jugando con su pareja y se le han quedado dentro dos pelotitas, y si no las evacuan naturalmente, hay que intervenir.

Es muy típico que se equivoquen con los nombres no ya sólo de los médicos, sino de las medicinas. Por ejemplo, la «paperina», en lugar de la eparina, que se suele poner por la noche a casi todos para la circulación; o «me han hecho un pispás», en vez de un *bypass*... Aunque también nosotros sacamos una jerga propia en función de los prototipos de pacientes o familiares que nos encontramos en Urgencias, porque se repiten siempre, como si fueran tribus. Decimos, por ejemplo, «ha venido un pies negros», lo cual da una idea de la cantidad de gente que viene con los pies negros, de mierda. Tenemos también a los «arapajoé», que son los que, cuando has curado a su pariente, pongamos por caso la abuela, y ya no es necesario mantenerla en el hospital porque la enfermedad se puede curar perfectamente en casa siguiendo el tratamiento que les indicamos, te sueltan: «Pues *ara, pa joé,* no me llevo a la abuela». Otra parecida es la de «poyoasís», que sería en la misma situación en la que ya sólo queda terminar de curarle la gastroenteritis o cualquier otra dolencia leve a la madre del interpelado y te espeta: «*Po' yo asís* no me llevo a mi madre».

También es curioso encontrarte hoy en día a un hijo que nunca ha visto a su madre desnuda y que se niega a hacerlo ni siquiera por necesidad cuando se le da de alta. En teoría, para cuidar a una persona, cuanto más cercano sea el familiar mucho mejor, y sin embargo, muchos se niegan a darles hasta un vaso de agua, te llaman porque no están acostumbrados a vivir con un pariente enfermo. En cambio, los que ya han vivido situaciones parecidas anteriormente sí que colaboran, y muy a gusto, incluso prefieren hacerlo ellos. La lástima es que haya tanta gente que pasa, que pone por delante sus vacaciones por encima de la salud de sus padres, que se organizan entre hermanos para irse o que ni tan sólo eso, de hecho, mucha gente muere completamente sola.

Luego están los gajes del oficio de que se te revienten bolsas con los excrementos de las colostomías, o en las hemorragias estomacales en las que vomitan sangre. Ahí se pringa hasta la recepcionista. Cuando estudias Enfermería no te imaginas que vas a pasar por tantas cosas, porque ésta es la parte más laboral, la de trabajar con heridas, con líquidos que salen de todas partes del cuerpo… Y a eso hay que añadirle la parte psicológica, la más dura, pues cada persona es un mundo, tiene su forma de vivir la enfermedad, su manera de ser, sus miedos... Por si fuera poco, súmale a la familia, que en cuestiones de salud, pretende saber más que tú y decirte cómo hacer las cosas a pesar de su desconocimiento de la enfermedad, que, por otro lado, es normal, pero debería dejarse llevar por los profesionales en lugar de exigirte imposibles.

Con las compañeras comentamos a menudo que más de diez años con la vida que llevamos no se pueden aguantar porque el ritmo, el tute que nos damos, el llevar una vida diferente al resto del mundo, el estar en contacto con la gente en el momento en que sufre todas sus desgracias, etcétera, lo hacen muy duro. Pero es que, además, en el hospital, nadie cuida a la enfermera, nadie se preocupa de darte refuerzos o de echarte un cable; incluso a veces te niegan derechos tan básicos como tus días libres al mes, no te los dan cuando los pides, sino cuando conviene en la programación del hospital, y, por lo tanto, no puedes organizarte tu vida para coordinarte con tus amigos o con tu familia. De la espalda estamos fatal, todas; yo, que estoy curando todo el día, a veces me agacho y noto como si se me durmieran las cervicales: lo de subir y bajar las camas es un esfuerzo, y más con el enfermo encima. Antes decíamos el típico «yaque», esto es, «*Ya que* estoy, levanto al enfermo», pero ahora, visto lo visto, llamamos a los celadores para que nos ayuden cuando pesa demasiado no sólo por la sobrecarga, sino porque corres el peligro de que se te caiga.

## 3
# EN UN LUGAR DE ESPAÑA…

*Las simpáticas enfermeras de este hospital prefieren quedar absolutamente en el anonimato pero cabe destacar su amplia experiencia durante varias décadas en planta y en especialidades varias.*

Por la tarde cuando ya los acostamos a todos, llama un señor para que acudiéramos a verlo y fuimos otra enfermera y yo, y nos pidió que le pusiéramos bien la almohada. Nos encontramos debajo la cruz de Caravaca, y se lo recordamos para que no se le pasara que la tenía allí.

—No me olvido, y las he llamado a ustedes para despedirme porque esta noche me moriré y mañana ya no me verán.

Con veintipocos años que teníamos mi compañera y yo, le empezamos a decir que vaya tontería, que estaba a punto de irse a su casa… Se murió esa noche. Y eso me impactó mucho. Por eso aquí, sobre todo en Oncología, tienen que venir personas ya curtiditas, no quiero decir que la juventud no valga, pero las mayores ya tenemos un poco más de experiencia para encajar no sólo cosas de enfermerías sino otras que van más por habilidades sociales, sensibilidad, trato con el paciente y demás, que se van ganando con el tiempo.

Hará unos doce años estaba visitando a un señor y le iba a hacer una revisión; cuando le avisamos de que ya se podía estirar, ni corto ni perezoso se puso a desperezarse como un león. Como aquella a la que le dijo el médico: «Súbase», y se le subió literalmente a la chepa mientras él se agachaba a recoger algo. Se le olvidó especificar «a la camilla».

Yo me imagino que la gente va como empanada, en cuanto llevan dos noches sin dormir, pierden el sentido de la lógica. La semana pasada entra una señora con su niño, lo pasamos al *box* y le pedimos que lo desnudase. No sé qué entendió la mujer pero la que empezó a quitarse la camiseta fue ella y en Pediatría sólo visitamos niños... Hasta el marido se sorprendió:

—Pero ¿qué haces?

Supongo que es el cansancio.

O el despiste, porque cuando estaba en Cirugía, repartimos la medicación y a los niños les dábamos supositorios. Uno de ellos estaba con la abuela y le dejamos encargado que se lo pusiera cuando despertara. Acabamos de repartir la medicación, y nos suena el timbre de esa habitación: era la abuela preguntando que si le podía dar un vaso de leche con Cola Cao para que le pasara el mal sabor de boca... Se había tragado el supositorio. También hemos visto comerlos con pan para pasarlos mejor. Le dije a la señora:

—Le dejo aquí el supositorio para que se lo ponga.

Al parecer no había visto uno en su vida y lo debió de probar, pero al encontrarle tan mal gusto decidió tragárselo a mordiscos en bocadillo.

Nos pasó algo parecido con un jarabe, que solemos meter en jeringas individuales para administrárselo a cada niño. Pues bien, va una enfermera a decir que le dé el jarabe para el dolor a una abuela cuyo nieto llevaba un tratamiento intravenoso y, como veía que le metían medicamentos por la llave de tres pasos que tenía en el brazo, ¡estuvo a un tris de meterle el jarabe por la vena! Suerte que la enfermera aún no se había marchado de la habitación y pudo pararla a tiempo, porque desde luego ésa no era la vía correcta.

Como no lo era en el caso de aquel señor al que le dolía el oído y le dijimos:

—Tenga, póngase el termómetro que ahora venimos.

... Cuando volvimos lo tenía dentro de la oreja.

Y en una intervención en la que tenían que operar a un señor, le decimos a la esposa:

—Tenga, se ducha, se desnuda y se pone la bata.

¡Y sale ella duchada, desnuda y con la bata puesta!

Aún mejor: en la antesala de Rayos X, se les pedía que se desnudaran y se pusieran una bata, pero cuando se nos acababan, les dábamos un travesero (una especie de sábana que servía para protegerles y que se ataba en la cintura en plan romano) y les sugeríamos que se lo pusieran como un camarero. Pues, en efecto, un señor salió en bola picada y se lo puso en el brazo colgando como una servilleta, en lugar de colocárselo como delantal.

Habitualmente, cuando extraen una piedra del riñón en quirófano, se guardaba en un bote y se le mandaba a la familia. Le enviamos la suya a un señor al que le habían sacado una piedra tan grande que no cabía en el típico bote de análisis de orina y, según terminamos de repartir la medicación, nos vino su señora a pedirnos agua para que se tomara la pastilla. Nosotras comprobamos que no le habíamos dado ninguna pastilla porque estaba en ayunas, fuimos a ver qué era lo que se quería tomar y... sí, ¡era la piedra! Ennegrecida, no me olvidaré nunca. Suerte que no tenía agua en la habitación, porque si no se la traga.

Cuando uno está nervioso, aunque tenga cultura y preparación, puede hacer barbaridades. No puedes dar por sentado ni su nombre. Si le preguntas si se llama Fulanito de tal puede responderte que sí, aunque se llame Menganito de cual. Tienes que preguntarle «cómo se llama», directamente. No debemos dar nada por sabido. Y ahora mucho menos, porque con los inmigrantes hay cada vez más problemas de entendimiento. Nos pasa mucho con los marroquíes, sobre todo con la mayoría de las mujeres, salvo en los casos en los que el niño ha tenido una enfermedad muy grave y la madre se ha visto obligada a moverse y espabilarse fuera de casa. Y eso es un gran problema a la hora de explicarles cómo hacer las curas, tomar los medicamentos, etcétera. No en vano, algún laboratorio ha sacado una especie de chuletilla en cuatro o cinco idiomas para que más o menos con cuatro frases y pistas puedas defenderte. Si eso no es suficiente, siempre pueden ir al ambulatorio, donde suele haber una enfermera para explicarles las cosas, y en algunos centros disponen incluso de mediadores culturales, que no sólo traducen el idioma, sino también las costumbres y creencias propias de cada cultura. Nos hemos encontrado por ejemplo con alguna magrebí que, al quinto parto, nos ha implorado que le hiciéramos la ligadura de trompas sin que se enterara su marido porque no quería tener más pero él no se lo iba a permitir.

Aquí se encuentran muy solos y vienen únicamente para saludarte, y si les das pie y les escuchas entonces te empiezan a contar su vida, dónde comen, quién les lava la ropa… y al final sacan a relucir que la familia no quiere saber nada de ellos y que están muy apenados porque, a pesar de que los resultados de sus pruebas son optimistas, no pueden compartirlo con sus propios hijos. Te preguntan incluso si se pueden ir de viaje, como si tú fueras su responsable. O lo que es peor, vienen con el niño con fiebre y les dices que quizás no es nada o es una sepsis (síndrome de respuesta inflamatoria sistémica provocado por una infección grave), y te preguntan si se pueden ir al apartamento de la playa. Eso no se entiende, son ellos los que tienen que asumir si se deben ir o no.

En una habitación en la que había tres enfermos, uno de ellos era ciego y dos que se zurraban sin parar. Al entrar en la habitación y ver que se habían hecho heridas y todo en la cabeza con una botella de vidrio le preguntamos al primero:

—Señor Juan, ¿qué ha pasado?
—No sé —dijo él—, yo no he visto nada.

Los abuelos se desorientan mucho, pueden incluso agredirnos a nosotras, como en el caso de una señora que primero me hizo a mí una herida de la que aún me queda la cicatriz de recuerdo porque se me enganchó y no había manera de soltarla. Le comentamos al médico que era muy agresiva pero él no le quería dar tranquilizantes, nos reprochaba que nosotras no sabíamos tratarla. En cuanto osó acercarse a ella, la abuelita pegó un salto y le echó mano al paquete, y suerte que se retiró a tiempo, que si no... Inmediatamente recetó:

—Dadle Valium o lo que sea.

Esta misma se nos meaba encima, y era una asmática que fumaba como un carretero, tenía el récord de visitas a Urgencias, hasta el punto de que era ella la que te indicaba adónde tenías que pincharle porque sabía mejor que tú en qué venas no ibas a poder inyectar nada, de lo explotadas que las tenía ya. Lo tenía todo controlado, se sabía los protocolos, conocía a todos los médicos... El único día que no vino fue el que acudió al hospital de enfrente, y la palmó.

En otra ocasión una compañera se dispuso para sondar a un señor que tenía un pene invisible, era prácticamente el pellejillo, y con mucho esfuerzo lo conseguimos apretándoselo como si fuera un grano hasta que logramos encontrar el conducto de la uretra, evitándole así una punción que le habría hecho más daño. Pero lo peor fue que cuando estábamos allí en plena búsqueda se tiró un pedo que casi salimos a propulsión. Y como eso, una vez un urólogo va a ver a un paciente y le pregunta:

—¿Se le mueven las tripas?

—Sí, sí.

—¿Y tiene vientos?

—Sí, mire, *¡raca!*

El médico se pellizcaba para comprobar que estaba despierto.

Otro viene y nos requiere:

—Señorita, un supositorio de nitroglicerina.

Para calibrar la barbaridad de su petición conviene saber que la nitroglicerina es un líquido que se obtiene mezclando ácido nítrico concentrado, ácido sulfúrico y glicerina con un resultado altamente explosivo, no en vano fue sustituida por la dinamita cuando la inventó Alfred Nobel porque era mucho más segura, según la Wikipedia.

Pero es que las confusiones con los medicamentos llevan a los pacientes a pedir la epidural en lugar del Apiretal para la fiebre, o el argumentine en vez del antibiótico Aumentine. O a confundirse: «Me vengo a operar de las aguas», porque a eso le suenan las cataratas. ¿A qué especialidad viene usted? «A los gorrinos».

Una noche voy a una habitación a ver qué le pasaba a un crío y se lamenta la madre de que a la hora de cenar le había subido la fiebre.

—¿Y qué le ha dado?
—Pues un frankfurt.
—No, mujer, para cenar no, para la fiebre…

# 4
# ANDALUCÍA

***M. J. S.***

*El Hospital del SAS de La Línea de La Concepción es un micromundo en el que las enfermeras se conocen entre sí desde que se inauguró, y la gracia con la que cuentan todas sus anécdotas es de lo más andaluz. Para empezar, M.J.S. trabaja en laboratorio del desde marzo del 92, 15 años de sus 52.*

Un día se me olvidaron las gafas en casa y yo sin ellas no veo nada absolutamente. Como era de noche y no había muchas soluciones, lo intenté con una lupa, pero después llamé a la oculista y me estuvo probando cristales de esos de prueba que tienen en Oftalmología para calibrar las gafas de los pacientes, con las monturas de hierro enormes. A mí me daba igual porque como mucho me iba a cruzar con algún compañero, pero resulta que a las cuatro de la madrugada tuve que llamar al médico que estaba de guardia para que hiciera un sedimento. Yo me había olvidado por completo de que llevaba las gafas, de hecho, del peso, las llevaba torcidas y ni siquiera me había dado cuenta. Cuando el pobre hombre se despertó a esas horas y me vio, se quedó alucinado, yo creo que se escondía la cara para no cachondearse de mí, pero es que yo no caí hasta que me preguntó:

—¿Qué te pasa?
—A mí, nada, ¿por qué?
—Chiquilla, ¡porque pareces Robocop!

Una vez en Urgencias le quitaron la dentadura postiza a una señora y, antes de subirla para ingresarla en planta, alguien con la bulla cogió los dientes y se los colocó. Cuando la hija entró en la habitación para estar con su madre, le vio la cara toda deformada, con la mandíbula ladeada. Le extrañó porque pensaba que su madre estaba mala pero no para estar tan desfigurada, no obstante llamó a todos los hermanos y demás parientes porque creía que se moría. En el ínterin, alguien se percató de que pasaba algo raro, y se dieron cuenta de que le habían colocado la dentadura de un hombre, con lo cual, se la quitaron, la desinfectaron, y subieron, esta vez sí, con la suya. Entraron médicos, ATS, y demás. Como si fueran a hacer una gran operación para impedir que nadie más entrara en la habitación, y cuando les dejaron acceder de nuevo, la hija se tranquilizó:

—¡Ay, ésta sí es mi madre, ya por lo menos tiene la carita con la que entró!

Había una mujer a la que le iban a dar el alta pero previamente la tenían que bajar a hacer una ecografía para asegurarse de que estaba en condiciones. Al mismo tiempo, en la habitación de enfrente, una joven va a acompañar a su madre al servicio común (en aquella época todavía las habitaciones no disponían de un baño propio). Se vuelve a la habitación a charlar para que la madre vaya haciendo sus necesidades tranquila y ésta, cuando termina, sale del servicio un poco desorientada, ve una cama vacía y se acuesta, se cubre con las sábanas y allí se queda. A todo esto, vuelve la señora de su ecografía y ve que su cama está ocupada y piensa:

—Coño, me iban a dar el alta, pero tan rápido que ya tengo a una acostada en mi cama...

Sin embargo, en vez de protestar, muy prudente ella, se sienta en una silla a esperar a que alguien le diga algo. Entretanto, la hija va a buscar a la madre al baño y, al no encontrarla, pone a toda la planta a buscar a la desaparecida. Hasta que al cabo de un buen rato se dan cuenta de que estaba en el catre de la otra tapada hasta los ojos.

Una vez nos trajeron a un joven negro que venía con una bajada de insulina importante, por lo que hubo que darle un bocadillo urgentemente. Sin tardar mucho, en cuanto pudo salir a la calle, avisó a otro paisano que estaba afuera que entrara y se hiciera pasar por él para que le dieran otro a él también, tan muertos de hambre estaban los dos pobres...

Durante una época tuvimos a un celador en Rayos X que estaba un poquito ido, y era el que tenía que trasladar a los enfermos. Lo curioso era que los enfermos se iban con él pero luego no aparecían, y todo el personal se la pasaba buscando a los pacientes por el hospital, hasta que nos topamos con todos ellos sentaditos en sillitas de ruedas alrededor de la puerta del mortuorio.

Yo siempre le he tenido mucho respeto a mi jefe, a don Eustaquio. Al poco de llegar, hace ya quince años, me da un bote de *spray*, se sube la camisa, se baja un poco el pantalón, todo esto en medio del corredor, por supuesto, y me pide que se lo eche. Empapadito lo dejé, le eché el bote entero. A continuación, él me comentó que se iba a cambiar el coche de sitio y yo me fui con una compañera, que de repente le suelta a otra:

—María José le ha visto los calzoncillos y la parte de arriba a don Eustaquio.

Yo entré al trapo creyendo que él no me oiría y estábamos allí con el cachondeo cuando de repente entró don Eustaquio y volvió a avisar:

—Me voy a cambiar el coche de sitio.

Me quería morir. Empezamos a hacer pruebas a ver si desde el sitio donde él había aparecido se escuchaban nuestras bromas, como adolescentes. Qué vergüenza.

El primer fin de año que yo hacía noches en este hospital lo celebramos aquí en Laboratorio reuniendo a todos los servicios centrales, esto es, Rayos, Hematología, Vigilantes, Centralita y nosotros mismos. Habíamos comprado todo para la fiesta y estábamos contando historias. Entre otras, la de Rayos había contado que una amiga suya había estado bailando una noche en una discoteca con tanto ímpetu que se le había caído la compresa y, al llamarle alguien la atención, no se le ocurrió nada mejor que excusarse —«Uy, mi hombrera»—, cogerla del suelo y ponérsela debajo del jersey. Yo no me lo podía creer, le contesté que eso era imposible que le pasara a nadie, que era una exageración. No me dio tiempo ni a hablar pues en cuanto nos pusimos a recoger y a desinfectarlo todo, me gritó alguien:

—María José, ¿y tu hombrera?

Miré al suelo y no me quedó más remedio que recoger la compresa y admitir:

—¡Aquí está!

Se me había caído por la pernera del pantalón...

En Laboratorio, cuando hay que hacer un sedimento (un análisis de orina) tenemos que llamar al médico de guardia aunque sean las cinco de la mañana. A una compañera mía le avisaron de que iba a bajar un sedimento y se fue directa a avisar al doctor, pero éste bajo enseguida y la orina todavía no había llegado. Montó en cólera y exigió que la orina estuviera allí en dos minutos. La pobre se fue a la planta a buscarla y los ATS le propusieron sondar a la paciente. A lo que ella asintió desesperada:

—Es que si no la sondamos meo yo en el bote, pero yo le tengo que bajar algo a ese hombre.

Algo peor me pasó a mí. Le dije a un doctor que iba a llegar un sedimento y me mandó a conseguir la orina lo antes posible porque se quería echar a dormir un rato. Subí a la habitación, le di el botecito a la señora y la metí al baño para que lo llenara. Yo me quedé en la puerta y desde allá le preguntaba:

—¿Tiene usted ganas de hacer pipí?

—Yo no... —respondía ella, uniendo sus palabras al típico sonido de la diarrea que me estaba apestando mientras yo seguía allí, como una gilipollas, a la espera.

Me bajé y le expliqué al médico:

—Mire usted, que esa mujer no tiene ganas de hacer pipí, que lo único que hace es cagar, y yo estaba a punto de morirme.

A mí al menos nunca me llegó la orina de esa paciente.

*La hija de María José, que trabaja como enfermera en un geriátrico, cuenta:*

Locos se escapan un montón, amenazan al personal sanitario con navajas y todo. En concreto, tenemos un señor con 87 años con principio de Alzheimer, lo que implica que se acuerda de lo antiguo pero no de lo más reciente. Éste sólo se acordaba de su finca, de su ranchito, y se le metió en la cabeza que quería irse a su campo. Casualmente, el geriátrico está en medio de un campo, rodeado de vallas y más vallas que lo separan de un repetidor de radio. Así que de repente nos vimos corriendo detrás de ese anciano, que es un retaco, pero pura fibra, y que se saltaba las vallas como un gato. Lo alcanzamos ya en la radio y desde entonces se le quedó el apodo de Spiderman. Ese mismo día se subió a la reja del garaje y le rogó la directora:

—Hijo, bájate de ahí que te vas a caer.

Él, señalando a todas las enfermeras que estábamos allí abajo observándole contestó:

—Hombre, digo yo que con todas las que estáis ahí, alguna me ayudará si me caigo, ¿no?

***M. R.***

*Lleva treinta y tantos años en el hospital de La Línea, ha pasado por todas las especialidades, aunque acumula a sus espaldas ya 20 años en partos. Recuerda con nostalgia sus primeros años, cuando en los hospitales se respiraba mucho mejor ambiente, se reunía toda la plantilla para cenar durante la guardia sin que pasara nada, e incluso compartían la alegría con los enfermos, con los que estaban mucho más en contacto.*

Cuando trabajaba en planta tenía veintitantos años, y allá que me iba yo con esa trenza rubia por la mañana, cogía una flor de las que siempre había antes en las habitaciones y me la ponía en el pelo. Me acompañaba una compañera a levantar a todos esos enfermos, y nos poníamos las dos allí a tocar las palmas, a cantar y a bailar, y los pobres viejecitos se volvían locos, todos querían ligar conmigo, hasta el punto de que me salió un novio, un viejecito de San Roque, muy chiquitito, recién operado de cataratas. Antiguamente eso suponía estar un montón de tiempo ingresado, con todos los cuidados... Teníamos un contacto mucho más intenso con los enfermos. Un día una colega mía oye que el abuelillo, de unos 80 años, le está diciendo a su compañero de habitación:

—A mí me gusta mucho la rubia de la trenza, yo tengo tres o cuatro millones (de pesetas) *ahorraos,* estoy viudo y voy a hablar con ella.

En cuanto me lo dijo, fui lanzada:

—¿Qué pasa aquí?

—Yo quiero hablar contigo.

—¿Qué te pasa, hijo?

—Mira, yo tengo un dinerito *ahorrao,* y tú y yo podríamos formar...

—¿... una pareja? Ahora mismo me despido yo de aquí, estaba loquita por que tú me lo dijeras...

Salí de la habitación y le escuché comentarle al otro:

—Ya ves tú, estaba loquita, mira qué pronto ha ido a despedirse, pero hombre, yo tenía que haberlo hablado antes con mis hijos…

Cuando volví, le aseguré:

—Mira, ya está, yo he hablado con la enfermera jefe y le he pedido el finiquito porque yo tengo que cuidarte, a partir de ahora, me dedico por completo a ti, mi amor —y le daba besos en la cabeza, le acariciaba, vamos, como si fuera mi abuelo.

—Mujer, es que has sido muy ligera…

—¿Pues no me conoces lo nerviosa que yo soy? Tú ya me conoces —pobre, cómo me iba a conocer si hacía nada que estaba ingresado…

—Bueno, yo lo hablaré con mis hijos.

Fingí el drama de que me estaba muriendo de amor por él, de que estaba muy disgustada porque los hombres tenían que dar la cara… Y él no me quería ni mirar, por la vergüenza. Aquello duró mucho tiempo, hasta que vino su hija a hablar conmigo, apenada porque el padre no se había dado cuenta de que era una broma.

Francisco Palacios Ortega, más conocido como el Pali, era un cantaor de sevillanas muy famoso, que murió hace casi veinte años. Aquí nos gustaba mucho porque mis amigas del hospital y yo solíamos ir al Rocío y a todas las ferias de Andalucía de juerga, parecía que llevábamos nosotras el puesto de turrón y algodón dulce porque no podíamos faltar a ninguna. El problema era cuando tenía guardia. A mí me encanta mi trabajo, siempre me ha gustado, en cuanto voy, se me quita todo. Pero para aquella feria de La Línea yo quería que alguien me cambiara el turno porque cantaba el Pali y no hubo forma. Pataleé, lloré, pero me tuve que quedar en el hospital. Cuál no sería mi sorpresa cuando me llamaron de Urgencias alertándome de que si quería ver al Pali, allí lo tenía. Toda la irritación se me quitó de pronto. El Pali era un alcohólico empedernido, capaz de tomarse quince gin tonics por actuación, así que venía con una hemorragia digestiva. Lo operaron y se salvó de milagro, estuvo mucho tiempo en la UVI, tanto que se hizo novio de otra compañera. Ella era una enfermera muy graciosa, que le cantaba mientras le cuidaba y lo mantenía animado. La gracia es que él era exageradamente voluminoso, por lo que, como todos los hombres mayores tan grandes, tenía el pene muy encogido. Ani le tomaba el pelo:

—¿Dónde está, hijo? Que cuando me case contigo te lo voy a tener que sacar como un caracol, con un palillo…

Y él, con todos sus tubos, se partía de risa con Ani, con esa cara tan fea que tenía. Después, en agradecimiento, le dedicó una canción a La Línea.

A veces vienen a Ginecología mujeres gitanas embarazadas pidiendo la pastilla para adelantarles el parto y el ginecólogo les intenta disuadir:

—Chiquilla, si tú no tienes los dolores del parto todavía, ¿cómo te voy a dar la pastilla?

—Digo, ¿tú qué estás?, ¿dentro de mi cuerpo? —le contesta la gitana retorciendo la mano como si la fuera a emprender por bulerías.

En los primeros tiempos del hospital, hace treinta y cinco años, había muy poco personal. Y a dos compañeras mías se les murió una mujer y les tocó ir a vestirla, porque antes había que amortajar a los muertos, ponerles el traje de chaqueta, la corbata, el broche, el camafeo y todo; no es como ahora que les ponen el sudario, sin más. Aquella noche, una noche de tormenta, estaban Mercedes de la Encarnación y Leocadia muy nerviosas dado que era una de sus primeras muertas (aunque siempre que se muere alguien te crea un poco de trauma). Puesto que la mujer estaba envuelta en una sábana, sabían que se la tenían que llevar las dos solas al mortuorio para arreglarla. Las dos heladitas de frío y de miedo, llorando, la vistieron y la devolvieron a la habitación con sus familiares, los cuales, nada más verla, protestaron porque ¡la ropa no era suya, sino del paciente de al lado! Así que el celador les avisó de que tenían que volver a llevársela al mortuorio. Las pobres lloraban a moco tendido, se escondieron… Pero no les quedó más remedio que vestirla de nuevo.

Otro día llega a Ginecología una mujer muy asustada con contracciones, mas no de parto, porque estaba embarazada de muy poco tiempo, por lo que el ginecólogo tenía que averiguar qué le pasaba. El hombre se agacha a coger unas fundas para hacer las ecovaginales que estaban debajo del ecógrafo al tiempo que le conmina:

—Súbase usted al potro.

Y de repente gira la cabeza y ve que se le está viniendo una pierna encima y que la tía está a punto de subirse a lomos de su espalda.

Yo tenía una compañera que era muy caprichosa. Y en unos carnavales de La Línea se quería vestir de china, pero de china auténtica, con su kimono, sus zapatillas, la sombrillita, el sombrero… A ella no le valía cualquier cosa, tenía que ser todo auténtico y bueno, tarea en la que nos teníamos que implicar todas las enfermeras porque no había quien le aguantara los nervios si le fallaba un detalle. Pero le faltaba el gorro, y por ahí no podía pasar. Estaba tan empeñada en ir perfecta que conforme se enteró de que al hospital había llegado una oftalmóloga que se llamaba Sue Lee Lyan, pensó: «Ésta es la mía». Como a todo lo raro que pasaba en el hospital me mandaban a mí, vino derechita:

—Mara, te estaba esperando. Ya tengo resuelto el tema del gorro. Ha venido una médica que es china. Vamos a ir a Oftalmología a pedírselo.

—Se lo pides tú, yo no…

Nos vamos para allá, tocamos en la puerta, nos retiramos un poco porque estaba pasando consulta, y enseguida vino muy prudente a preguntarnos qué deseábamos, porque al estar vestidas de enfermeras pensó que era algo profesional. Ella, que era más chica que yo, se escondió detrás de mí, la que daba la cara ante la doctora era yo. Y es para vernos:

—Mire, nosotras somos de Partos. Y vengo… —le señalaba a la de atrás—. Mire, es que son los carnavales de La Línea… —yo ya no sabía cómo explicárselo, y ella me miraba con extrañeza—. Es que mi amiga se quiere vestir de china y hemos pensado que, como usted es china, igual nos puede dejar un gorro para su disfraz.

Ella se quedó mirándome sin decir nada, yo ya no sabía dónde meterme de la vergüenza, tenía la sensación de que pasaban veinte días, hasta que me aclaró:

—Hija mía, me alegro mucho de que hayáis venido a conocerme, pero yo de China no tengo nada más que el nombre, como puedes comprobar. Yo soy sudamericana y tengo este apellido por mi madre. Pero te diré más: es que no he pisado China en mi vida.

Salí de la consulta dándole porrazos a la otra por los compromisos en los que me ponía. Aunque por suerte después la supuesta china se hizo muy amiga mía.

De falta de higiene hay mucha pero a los pacientes no les puedes decir nada porque te buscas problemas, yo en todo caso les hacía la coñita:

—¿Qué?, ¿te has peleado con el Lagarto?

El Lagarto es el tipo de jabón de pastilla que se usaba antiguamente para lavarlo todo. Aquí vemos unas uñas como peinetas, las uñas de los pies negras y largas; pero eso sí, el chándal bueno, las cadenas y las pulseras de oro, el paquete de Winston, el móvil de última generación…

En Odontología también se ven casos vomitivos de personas, sobre todo ancianos, que no se han lavado prácticamente nunca la dentadura. A algunos hay que quitarles el sarro casi con un punzón. Tal es la historia de una anciana que se somete a inspección y el dentista, aparte de un aliento que tumbaba de espaldas, le detecta algo en las encías que cree que son líquenes, hongos producidos por la falta de higiene bucal. Examinando más en profundidad, sospecha lo peor:

—¿Usted cuándo comió lentejas por última vez?

—La semana pasada.

—Pues aún las tiene ahí guardadas en la despensa.

Una yonqui se escapó una vez a comprar droga a un proveedor que vendía enfrente del hospital; el Chiquetete, se apodaba.

Los vigilantes no se dieron cuenta porque iba vestida de calle, pero cuando volvió nos percatamos de que le había mangado la ropa de calle a una enfermera para pasar desapercibida. Yonquis hemos tenido unos cuantos. Uno se nos coló en el quirófano durante un parto hace un año, con unos pelos tremendos y con una bata de médico. Yo le abroncaba:

—Pero tú, ¿de dónde has cogido esa bata?

Y él, todo pachorras, me miraba por encima del hombro:

—Mírala a ella qué empecinada está con la bata, a ti qué te importa la bata...

Se puso a revolver en nuestras taquillas, me quitó un suéter, a otra unos pantalones... Lo acorralamos entre todas hasta que vino el vigilante, pero para zafarse de él le dio un golpe a un cristal y se hizo una raja que le empezó a sangrar a borbotones, total, que al final, encima, tuvimos que ponernos a curarlo.

Hace treinta años tuve mucho tiempo ingresado a un paciente de un pueblo pequeñito llamado El Secadero con un problema en la rodilla. Él era muy activo, así que cuando mejoró, le puse al mando del carro y yo iba por las habitaciones repartiendo la comida y la bebida de los enfermos como las camareras. Y le nombré ministro de la planta. Es más, antes los sueros no venían en paquetes de plástico como ahora sino en botellas de cristal cerradas con unas chapas metálicas, de modo que yo le enganchaba las chapas con imperdibles en la pechera de la bata, para que fuera condecorado. Él estaba la mar de orgulloso. Le dieron el alta y se marchó a su casa, invitándome a ir cuando quisiera, pero no me hizo falta ir para saber de él porque al cabo del tiempo, estando yo en Partos, empezaron a venirme todas sus hijas a parir, sobre todo una que ha tenido diez hijos y he estado en todos. La primera vez que vino, preguntó por mí para que me fueran a buscar:

—Dígale que soy hija del ministro de la planta.

Resulta que el señor no había sido sólo el ministro de la planta, sino que a la finca en la que le tocó una vivienda de protección oficial en El Secadero le llamaron La Moncloa, ¡porque él vivía allí! El padre ya se ha muerto, pero a su hija todavía la conocen como la hija del ministro.

La gente durante el parto se intenta hasta tirar por la ventana. Yo se la abro y la invito a hacerlo de verdad. Y otras amenazan con rajar al marido:

—¡Se va a enterar cuando lo coja!

Como si ella no hubiera participado en la cópula, vamos. O bien:

—¡A mí ése no me la mete otra vez!

—Pues si no lo hace contigo, se la va a meter a otra, peor para ti —les advierto.

Otras te cuentan de todo mientras les dura la anestesia: «¡Pepe, Pepe…!». Cuando despiertan les pregunto:

—¿Cómo se llama tu marido?

—Pepe.

—Ah, vale, entonces coincide con el del sueño.

Como cotilleo, he estado hablando con Doña Pilar de Borbón, la hermana del Rey, que veraneaba en Sotogrande y vino porque al niño se le había roto una pierna y había que operarlo; e incluso con el Rey Don Juan Carlos, al que acompañé hasta la puerta del hospital, allí con todo el séquito y yo detrás.

También estuve en el parto del nieto de Felipe González. El hijo, muy educado y muy simpático, no mencionó quién era, y yo disimulé como si no supiera nada. Eso sí, estuve toda la noche, durante las cinco horas que ella tardó en dar a luz, con la broma:

—Tu cara me recuerda a alguien. Yo te conozco a ti de algo y no sé de qué. Tu boca me recuerda a alguien.

Y él se reía muchísimo. Le preguntaba:

—¿Tú de dónde eres...? ¿Y dónde vives...? ¿Es éste el primer nieto de tus padres...?

Me respondía a todo muy amable, pero lo mejor fue cuando le sonsaqué a qué se dedicaba.

—Soy pintor.

—No me digas, con la falta que me hace, si estoy loquita buscando un pintor para que me pinte las paredes de la casa que me estoy terminando de arreglar ahora.

—No, mujer, que pinto cuadros...

—No me digas, con la falta que me hacen los cuadros. De todo me hace falta en esa casa.

Cuando la mujer estaba en dilatación, le invité a un café y se sorprendió:

—¿De verdad me vas a invitar a un cafecito?

—Hombre, tú estás en el hospital de La Línea, no en el de Madrid.

—Pues después me fumaría un cigarrito...

—Ay, qué bien, si es que hay que ver cómo son los socialistas, que con todas las cosas que quedan por arreglar en este país, hayan tenido que empezar por prohibirnos fumar. Si yo pudiera echarme a ese Zapatero a la cara le iba a decir lo que vale un peine.

—Eso, eso, eso.

Él sólo se reía y yo seguía sacándole temas como los robos, la operación Malaya de Marbella, la adopción, que no era justo que costara dos millones adoptar a un niño, provocándole un poquillo. A esto que Sor Joaquina, que era la otra enfermera que estaba allí asistiendo al parto, también partida de la risa, le cuenta un chiste:

—Parió una gitana a un niño con los puños *cerraos,* que no había manera de despegárselos, y el gitano le decía al médico: «Doctor, a este niño qué le va a pasar con las manos, que éste tiene que trabajar...». «Bueno, vamos a esperar unos días, a ver cómo evoluciona.» Pasa una semana, dos, tres... y el médico decide que hay que operar. ¿A que no sabes qué llevaba el niño en las manos? El reloj del ginecólogo y la pulsera de la matrona. ¡Ya los había cogido!

—Esto es la caña —decía— qué graciosa es la gente de La Línea.

Yo me animé y le conté otro de llanitos[1].

—Ya ves si son tontos que va una llanita a la plaza a comprar patatas y le dice a la verdulera: «Muchacha, ponme dos kilos de

1 Conviene aclarar que «llanitos» es el topónimo coloquial de los gibraltareños, los cuales tienen fama de hacer y decir muchas perogrulladas. Tantas que se las conoce como «llanitadas» por los vecinos linenses, cuyo gentilicio popular es, a su vez, los «piojosos». Cabe añadir que a los ciudadanos de Algeciras se les conoce por los «especiales» y que, en realidad, las denominaciones están intercambiadas. Por lógica, los especiales serían los habitantes de la colonia británica, por no ser ni ingleses ni españoles del todo y por hablar spanglish. Los llanitos fueron, en un principio, los de La Línea, porque habitan la zona más llana del Campo de Gibraltar. Y los piojosos serían los algecireños porque sufrieron una epidemia de piojos a principio del siglo XX. Todo se mezcló debido a que, antes del cierre de la frontera en 1969, floreció sobremanera el comercio entre Algeciras y Gibraltar, de manera que muchos de esos piojosos algecireños se instalaron en el pueblecito de los llanitos situado entre el Peñón y Sierra Morena, de ahí que empezaran a llamar a los linenses «piojosos». El resto de los cambios puede atribuirse al sentido del humor de la zona o a la rivalidad existente entre las tres localidades. Para hacerse una idea de la idiosincrasia llanita, bastan estos chistes que Mara le contó a David González Romero.

papas, pero no me las pongas muy gordas que tengo que ir muy lejos con el plástico». O estos dos llanitos que se encuentran y le pregunta uno al otro: «Oye, ¿tú no me dijiste que tu hermano era *bobby* (policía inglés)?». «Sí, no lleva años ni ná...» «¿Y qué número de placa tiene?» «El 36.» «¡Me cago en la leche, ¡pues ayer por poco le vi, porque me encontré con el 35!» —y aún le conté el último—: «Johnny, tu casa está ardiendo...» «No importa, si yo tengo las llaves en el bolsillo...»

***D. P.***

*Con tantos años como la anterior entrevistada en el mismo hospital, D.P. agrega, entre las anécdotas que siguen, una perla que no es un chiste, sino pura realidad: Llega un llanito y pregunta en recepción: «Perdone, ¿me indica usted dónde está la sala de las mujeres muertas?»*

Por otro lado, viene una mujer con su marido derivado de un hospital de Madrid, supimos que era el Puerta de Hierro porque le preguntamos a la mujer y nos aclaró:

—Pues creo que sí, porque el hospital tenía una puerta de hierro por la que se entraba y se salía.

La cuestión es que le tuvimos que prevenir de que su esposo estaba muy mal e iba a necesitar la ropa para el entierro. Ella se va a casa, se trae una bolsa, y cuando el señor fallece y vamos a amortajarle, resulta que la ropa era la de ella, su falda, su camisa...

—Oiga, ¿usted qué ha traído?

—Hombre, yo me he traído el luto, porque si se moría no iba a ir yo al mortuorio con toda la ropa de colores...

La mandamos de vuelta a casa y se viene con pantalón, camisa, chaleco, chaqueta, zapatos... el traje de la boda, vamos, no veas lo que nos costó encajarle aquello al difunto.

Se muere un gitano en planta de una enfermedad contagiosa y le decimos a la madre que hay que meterlo en la nevera. La mujer se niega en redondo:

—Ni de broma vais a meter a mi hijo en la nevera, como si fuera una pescadilla, vamos.

Ingresa un viejecito andaluz de esos *cerraos* del campo venga a toser sin parar ante lo cual le conmina el médico:

—Juan, el cigarrillo hay que dejarlo, que es lo que le está provocando esa tos.

—Mire usted, doctor, si *jumo, tueso;* y si no *jumo,* también *tueso.* Pues *jumo* y *tueso* (sic).

Justo cuando entró otra compañera a trabajar, me mandaron avisarle de que el paciente de la 101 cama tres tenía melenas (lo que significaba que sangraba por el ano). Voy, se lo advierto, y me suelta:

—Uy, melenas, si el hombre es la mar de formal, cómo se va a dejar el pelo largo, que va siempre todo arregladito y muy peladito.

Nos contaron varias enfermeras que en la UCI había un hombre en coma, entubado, al que le trataban como si estuviera consciente. Ani le cantaba, otra le lavaba, las enfermeras le hablaban y le explicaban lo que le estaban haciendo. No salían de su asombro cuando el hombre salió del coma y les agradeció a cada una personalizadamente: gracias a ti por cantarme, a ti por lavarme, a ti también, que un día me lavaste y luego en lugar de echarme la colonia te equivocaste de tarro y me volviste a echar jabón y me tuviste que aclarar otra vez... Les explicó que él desde allí donde estuviera, las veía como si las estuviera sobrevolando.

El médico le estaba haciendo el historial al enfermo y, para ello, le pregunta:

—José, ¿usted bebe?

—No, yo no bebo.

Pero en la analítica se veía claramente que había bebido. Y le insiste:

—A ver, cuénteme lo que bebe desde que se levanta hasta que se acuesta, que yo no le voy a juzgar, es sólo por saber de qué puede estar usted mal.

—Pues hombre, yo me levanto y me tomo un carajillo antes de irme al trabajo. Después con el café me tomo una copita de aguardiente. Luego, del trabajo hacia mi casa, me paro a tomarme una cervecita. Durante la comida me tomo media botellita de vino, que eso no es malo, ¿verdad, doctor? Después me tomo un té con un chorrito de anís, que está muy bueno. Por la tarde, voy a jugar al dominó con los amigos y me tomo un par de cervezas, porque, claro, no voy a jugar al dominó a palo seco. Y ya en la cena me tomo la otra media botellita de vino, que eso no es malo, ¿verdad? Pero vamos, que yo no bebo, yo alcohol no bebo, excepto algún cubatita de vez en cuando que salgo una noche por ahí con los amigos.

O sea, que le acercabas una cerilla y salía ardiendo, pero él consideraba bebedor al alcohólico, al que se emborrachaba como una cuba e iba dando tumbos por ahí.

Se muere un hombre y la mujer se queda solita allí, toda hecha polvo. Mi compañera, María Angelines, toda empática, se ofrece para acompañarla al mortuorio y hacerle un poco de compañía. Y ella con su letanía:

—Ay, qué lástima, con lo bueno que era... Porque él conmigo ha sido muy bueno, siempre se ha portado muy bien... Ay, bueno, ya se ha terminado todo... Ya se han terminado las palizas cuando venía mareado, ya se ha terminado el que fuera a coger almejas, cogiera pocas y pagara el cabreo conmigo... Con lo bueno que era, lástima que cuando bebía, perdía su conocimiento y alguna paliza me daba, pero salvo por eso, el hombre era muy bueno conmigo...

Ante lo cual me espeta María Angelines:

—Anda, vámonos, que yo ya estoy harta de escucharle a ésta lo bueno que era el capullo del marido.

Es muy típico que lleguen preguntando a la primera bata blanca que vean por delante en plan:

—Mire usted, mi vecina que ha ingresado aquí...

—¿Y cómo se llama su vecina?

—Sí, la que la han operado de... Que tiene el hijo que trabaja en la plaza...

—Pero es que sin el nombre...

—Se llama Carmen, pero los apellidos no los sé.

A ver cómo buscas tú a la enferma con esos datos.

***A. M. M.***

*Es compañera de las tres enfermeras anteriores desde que se inauguró el Hospital de La Línea, en donde sigue trabajando en la actualidad en el laboratorio*

Una noche nos entra una niña de 5 años y un niño de 3, rubitos, con ojos azules, monísimos... pero llenitos de hollín. La madre había ido a abrir la puerta y se le cerró de golpe, quedándose los dos solos adentro delante de una estufa de butano, y no se les ocurrió nada mejor que empezar a quemar papelitos y lanzarlos al aire. El sofá prendió y ellos estuvieron inhalando humo hasta que la niña vio que se estaban poniendo malitos, se le iluminó la bombilla y tiró del hermano hasta la habitación, para poder respirar. Todo ello mientras la madre luchaba a brazo partido por tirar la puerta abajo. Cuando lo logró, encontraron al niño tirado en la cama y a la niña en el suelo. Los sacamos adelante, se pusieron bien, pero los tuvimos allí un tiempo en observación. Yo no he visto niños más traviesos en mi vida. A los padres no les daba un infarto porque Dios no quería. La madre me contó que para Navidades hizo toda la compra el día 22 y el 24 cuando fue a cocinar la cena de Nochebuena, no le quedaba ni un triste palito de cangrejo en la nevera: se lo habían tirado todo por la ventana. No se podía despistar ni un segundo porque le destrozaban la casa, así que me fui corriendo a hablar con el médico para que les diera el alta antes de que nos quemaran el hospital.

Teníamos una compañera muy exagerada, tanto que para el amigo invisible que hacemos por Navidad vio un oso muy grande de peluche al lado del árbol y avisó: «Qué cosa más bonita, como me toque a mí el oso, me tiro al suelo». Le tocó el oso, y al suelo que se tiró. Pues ésta era gordita, con las piernas tan gruesas que llegó a petar las medias de descanso que llevábamos con el uniforme de falda, delantal, cofia y demás antiguo. La carne del gemelo se le salía por el boquete de las medias, a la buena mujer. Y un día me pregunta un enfermo:

—¿La muchacha del lunar en la pierna no viene? ¿Está librando?

Nosotras no sabíamos a quién se refería, hasta que vino Dori y me la señaló. ¡El lunar era el huevo que le hacía el agujero en la media!

Entro en una habitación y veo a un señor mayor que está agachado en el suelo buscando algo.

—¿Qué busca?

—Cincuenta pesetas que se me han perdido.

Como cincuenta pesetas en aquellos tiempos eran un dinerillo, me agacho yo también para ayudarle a buscarlas. A esto que entra mi compañero Martín y se repite la historia, así que allí nos tienes a todos gateando en busca de las cincuenta pesetas. Hasta que me doy cuenta de que estamos haciendo el tonto porque el hombre está cogiendo las losas, que son cuadritos pequeños, y guardándoselas en los bolsillos. El pobre tenía algún tipo de demencia senil que le hacía creer que eran dinero.

Se nos murió un hombre y nos tocó vestirlo, como era costumbre, con pantalones, chaqueta... y hasta los calcetines, claro. El problema es que a aquel sólo le encontramos un calcetín dentro de la muda que le habían traído los familiares, el otro no aparecía por ninguna parte. Por fin nos percatamos de que el hombre tenía una pierna amputada, hacía mucho que no necesitaba el calcetín.

A un hombre le da una congestión, un accidente cardiovascular, y le doctor avisa a su esposa de que está mal pero que puede salir de ello y que esté tranquila. A la siguiente vez que entramos en la habitación la vemos dándole un Cola Cao al marido, que estaba inconsciente. Le advertimos que no puede darle nada de comer en su estado y responde indignada:

—Cómo que no, si mi marido tiene una indigestión, ¿no voy a poder darle su colacaíto?

La verdad es que la gente antes era muy bruta. A mí me llegaron a preguntar cómo podían salir a la calle, les indiqué que llamaran al ascensor y apretaran la B, e imagínate mi cara cuando les vi golpear en la puerta del ascensor y llamarlo a gritos. Eso es verídico, aunque ahora se cuente como un chiste. Eso por no hablar de las bañeras, que antiguamente estaban reservadas a los ricos, de forma que cuando abrieron el hospital, y la gente veía aquella bañera tan enorme que había en cada planta, a compartir por todos los pacientes, tenía incluso miedo de ahogarse. Había un médico que los mandaba a inmersión cuando ingresaban muy sucios. En concreto, nos llegó un gitano que cuando lo sumergimos allí comenzó a gritar:

—¡Socorro, sacadme que no hago pie!

El hombre no se ahogó porque estaba allí el celador para rescatarlo.

Tuvimos un enfermo que cargaba con la fama de ser muy impertinente, de tan quejica. Un día le tocó a otra compañera bañarlo y el hombre protestaba. Y ella:

—Qué pasa, hijo, siempre se está quejando, hay que ver.

—Ay, que me estás escaldando, ay, cómo quema el agua…

Viene el supervisor de la planta y prueba:

—A ver, Juan no se queje tanto, que aquí no pasa naaaaa…

(Sacó la mano del agua completamente escaldada, estaba hirviendo pero Ani no se daba cuenta porque llevaba los guantes puestos.)

Cuando yo estaba en Pediatría, las madres se quedaban en la habitación con los hijos. Y había uno en aislamiento cuya madre olía fatal, era algo tan insoportable que el médico no se atrevía ni a entrar allí, así que me mandó a bañarla con urgencia. Dio el primer paso de amenazarla con mandarla a su casa si no se lavaba, dado que yo no podía obligar a una madre a lavarse, y allí que me fui con una bata para que se quitara la ropa y se bañara, pero ella me insistía en que no se podía bañar. La convencí, le dejé en el baño con su jabón, esponjita, etcétera, y la esperé afuera. Pero, de repente, se me encendió la bombilla y sospeché lo que se me confirmó en cuanto abrí la puerta: se estaba bañando con las bragas y la compresa puesta, porque estaba con el período y no «podía» mojarse por aquella superstición que tenían antes.

—Quítese las bragas, por lo que más quiera, que yo le aseguro que no le va a pasar nada por lavarse bien ahí.

Un día en una habitación tuvimos que echar colonia cuando se fue el enfermo, por el olor corporal que dejaba a su paso. Ni el médico que le estaba haciendo la punción ni yo podíamos aguantar allí adentro, nos teníamos que ir turnando para salir afuera a respirar. Por más que ventilábamos las habitaciones, con alguna gente no había manera. Un doctor siempre nos repetía: «Abrid las ventanas, que donde entra el sol no entra el médico», queriendo decir que el sol y el aire limpio son garantía de salud.

Andresito tenía 3 años, iba con pañales y no sabía lo que era comer en condiciones. Sólo tomaba biberón, nada sólido. Era el único hermano, de siete, que tenía padre reconocido, y sin embargo, la madre lo tenía más abandonado que a ningún otro, le resultaba más sencillo encasquetarle un biberón que darle de comer bien. Al principio le poníamos la comida para que se la diera la madre, con intención de enseñarle a comer, porque creíamos que el problema era que el niño no quería. Pero un día entré en la habitación y vi a la madre comiéndose la comida del hijo. El pediatra denunció el caso y le quitaron la custodia. De modo que durante siete meses tuvimos allí a Andresito aprendiendo a comer, nos lo llevábamos a todos sitios, le empezamos a dar chocolate, para que supiera lo que era... Nos convertimos en su familia, de hecho, el médico era tito Javier, yo era tita Ani, la otra tita Pepa... Conseguimos que le dieran una plaza en un centro de acogida del que los internos salían con carrera, pero al final lo sacaron porque el juez le dio la custodia al padre, que en su momento había pasado de él y era igual que la madre. La criaturita no se quería ir del hospital el día que vinieron a buscarlo, nos chillaba: Tita, tita...

*Una joven enfermera andaluza que prefiere permanecer en el anonimato cuenta un malentendido que casi le lleva a ser ella la «curada»:*

Una vez fui a hacer una cura a domicilio y no encontraba la dirección en la calle y le pregunte a una vecina que paseaba al perro por una señora que se llamaba María «para hacerle una cura», entonces la señora me indicó que en el número 6 de la acera de enfrente. Cuando llego me abre la puerta una chica y le digo :

—Hola, vengo a hacerle la cura a María.

—Ah sí, sí, pase por el corredor al fondo —me contesta.

Cuando entré por el pasillo estaba muy oscuro y al fondo había un montón de velas encendidas, lo cual me asustó un poco. Al rato sale una señora con una túnica y me invita:

—Adelante, pase, soy María…

—Lo siento —digo yo—, creo que me he equivocado: soy la enfermera que venía a curarle la pierna a una señora que se llama María, pero creo que usted no es.

Y, efectivamente, me deshace el entuerto:

—No, yo soy María la curandera…

# 5
# CASTILLA LEÓN

***L. S.***

*Ttiene 30 años, es de Miranda de Ebro, en Burgos, y ha trabajado en varios centros sanitarios de Vitoria.*

En la sección de Traumatología del hospital de Santiago de Vitoria teníamos a un chico jovencito que se quedó inválido por un accidente de moto. Casualmente jugaba el Real Madrid allá y, cuál no sería la sorpresa de todo el hospital cuando vinieron a verlo dos jugadores y el presidente del club, para traerle un balón y una camiseta con la firma de toda la plantilla. Lógicamente, se armó un alboroto tremendo, todo el mundo allí esperándolos. Hay que aclarar que este chico, Oliver Puras, es muy famoso en Miranda de Ebro, mi pueblo, porque juega el tenis en su silla de ruedas y ha ganado muchos campeonatos a nivel nacional e internacional en la categoría de paralímpicos, está muy implicado en todos los eventos deportivos.

Trabajé también en un psiquiátrico en Vitoria, el de Las Nieves, y, para hacerse una idea de lo que se puede uno encontrar allí, basta contar que ya el primer día me topé con un intento de suicidio, no se me olvidará nunca: era una jovencita que se autolesionó la cara tanto que la tuve que estar curando durante mucho tiempo, se lo hizo con la mano, se arañaba de una manera inimaginable, pero a pesar del disgusto del primer día, luego se creó una buena relación entre nosotras.

Los enfermos psiquiátricos poseen una potente habilidad para el engaño, se esconden la medicación en la boca y luego la escupen, pero lo gracioso es que tienen tan poca picardía que después te la encuentras tras un radiador, debajo de la mesa o en los bolsillos de su camisa, en lugar de en la basura. Igual que los jovencitos drogodependientes que se han pillado con la marihuana y el chocolate. Éstos se van el fin de semana a sus casas y el lunes, cuando les preguntas, te cuentan sin más todo lo que han comprado, inocentemente te lo sacan todo y se lo tienes que requisar y tirarlo a la basura. Así cada lunes, porque no aprenden, al lunes siguiente en lugar de engañarte y decirte que no han comprado nada, vuelven a sacar sus tres chinas tan confiados.

Pero no todo es inocencia, como lo prueban las agresiones al personal sanitario en psiquiátricos, psicogeriátricos y este tipo de centros. Tenemos que sortear bofetadas, golpes... Creo que ha habido un congreso hace poco sobre estos malos tratos, por las dificultades que tenemos para defendernos y contener a los pacientes agresivos. Yo al menos me he llevado un par de bofetadas y de golpes. Mas luego también tienen su corazoncito, pues cuando en los talleres ocupacionales realizan cestas de mimbre o cuadros te los regalan en agradecimiento. Y es que compartimos momentos chulos, como el eclipse de sol que vimos con unos pacientes con las gafas adecuadas y otro tipo de actividades divertidas. Es muy gracioso cuando celebramos alguna fiesta y observas a personas que llevan una dieta triturada a base de purés y licuados porque no pueden masticar ni tragar poniéndose moradas de patatas fritas, olivas, cacahuetes... Y luego intentas meterles algo consistente en el día a día y ni de broma porque se atragantan.

Por otro lado, solemos hacer visitas a domicilios tutelados. Por ejemplo, cuidábamos a dos mujeres que eran adictas a los bazares chinos de todo a un euro, se compraban cada día un despertador, una muñeca o cualquier cosa, todo les parecía bien. Sobre todo, teníamos que mirarles la alimentación y las compras que hacían, pero indefectiblemente, cuando abrías la nevera sólo tenían Coca-Cola y jamón york, de hecho, era lo primero que nos ofrecían cada vez que íbamos a controlarlas. Aunque nosotras les echáramos una mano y los monitores fueran a hacerles una compra en condiciones, lo que nunca faltaba en su casa era Coca-Cola y jamón york. Muy enigmático.

En la residencia de tercera edad en la que trabajo actualmente la gente está fastidiadilla, es muy mayor. Allí las camas son articuladas, con su mando a distancia, pero la mayoría de los ancianos no sabe acertar con los botones. Una noche, oímos a una señora que nos alertaba:

—¡Bajadme de aquí, bajadme de aquí!

Cuando acudimos estaba levantando el cabecero y el piecero a la vez y no paraba de darle a las teclas, con lo cual iba rodando de un lado al otro, mientras chillaba:

—¡Parad esto, paradme!

No se daba cuenta de que lo accionaba ella misma con el mando. Tuvimos que quitárselo para que no sufriera aquel tiovivo todos los días.

En cuanto a los tópicos que circulan sobre los geriátricos, es cierto que muchos hijos no aparecen hasta que los padres están a punto de cascar, para cobrar la herencia. Es el caso de una pareja ingresada que no se hablaba con los hijos, cuyo marido murió y todos los familiares vinieron a las tres de la madrugada en plan clan. Venían dispuestos a incinerarlo pero la mujer no quería, y como no se hablaban directamente, me tuvieron toda la noche de intermediaria. La madre me comunicaba:

—Diles a mis hijos que yo le voy a enterrar porque yo lo conocía muy bien y a mi Paco no me lo queman.

Ellos la estaban oyendo pero yo les tenía que repetir la frase e ídem de lo mismo cuando hablaban ellos.

Problemas entre padres e hijos vemos un montón, como el que nos alucinó cuando tuvimos que avisar a la familia de que era necesario ingresar a su padre en el hospital y una hija nos preguntó si podríamos retrasarlo porque el fin de semana tenían una comunión. Obviamente, no se puede postergar la hospitalización de un enfermo, así que lo llevamos al hospital y la familia ni apareció. Nos enteramos porque nos avisaron desde Urgencias de que el hombre llevaba allí dos horas solo, y al día siguiente se murió con lo que la hija, en vez de ir de comunión, fue de entierro. Pero tenía antecedentes pues con la madre le venía también fatal que la ingresáramos porque se iba a marchar a esquiar.

—Pero si no la han ingresado por la mañana, ¿por qué la ingresan por la tarde? —llegó a preguntarnos.

—Básicamente porque las personas empeoran —le contestamos—, y no sabemos cuándo va a ser imprescindible hospitalizarlas.

Sobre la sexualidad de los mayores también tendríamos que desterrar el mito de que a partir de cierta edad ya no se disfruta, como demuestra una pareja de 90 y 92 años en la que ella estaba muy fastidiada y teníamos que ponerle un absorbente para que pudiera hacer sus necesidades. Pero muchas mañanas nos encontrábamos el pañal en el suelo incomprensiblemente, porque ella no se lo podía quitar sola. Era un misterio hasta que descubrimos desde la habitación de enfrente que estaban ahí dale que te pego tan felices. Mantenían relaciones sexuales muy a menudo. No es tan raro, muchas veces entras a la habitación de hombres de 80 a 92 años y los pillas masturbándose, ante lo cual te tienes que retirar para no incordiarles.

Una historia que me impactó mucho la viví en la unidad de Oncología en Txagurritxu, en Vitoria, donde un señor me contó que nunca se había marchado con su mujer de vacaciones porque su mayor ilusión en común era ahorrar para comprarse un chalé en la sierra donde pasar, a partir de su jubilación, el resto de sus días. Tenían el proyecto ya preparado y todo, pero el hombre enfermó de cáncer, y por dos años no llegó a jubilarse ni, en consecuencia, cumplir su sueño. Después de no disfrutar ni un solo verano de su vida, es increíble cómo nos focalizamos en el futuro y dejamos pasar el presente, sin tener en consideración que podemos morir en cualquier momento. Como le pasó a un señor de cuarenta y tantos con un cáncer en fase terminal. Resulta que en su empresa había una especie de seguro por el que le daban a la viuda unos noventa mil euros (quince millones de pesetas) si solicitaba un despido voluntario a principios de mes. El hombre estaba muy mal pero eran finales de mes de modo que estuvieron aguantándolo poniendo la morfina más tarde y, seguramente, poniendo mucha voluntad por su parte para dejarle aquel dinero a su mujer y a sus hijos pequeños, y, al final, lo consiguió pero de chiripa.

# 6
# PAÍS VASCO

***M. U.***

*Tiene 40 años y lleva 19 trabajando siempre por la zona rural de Álava, y en Vizcaya en un área minera muy especial, en un pueblo bastante aislado, lo que explica el impacto de sus anécdotas.*

En mis comienzos, la primera vez que tuve que coser a alguien estuve ensayando, justo antes de que viniera la paciente, en un mantel de ganchillo de una mesita del consultorio donde estábamos (por cierto, muerta de miedo).

He trabajado casi siempre en la zona rural y se me ocurren cosas en relación a la higiene. Una vez acudimos a un domicilio en un caserío apartado en un pueblo de Álava y nos encontramos a una abuela en una habitación que tenía una cama con unas sábanas que eran negras (no metafóricamente hablando) y rodeada de recipientes llenos de orina, podía haber veinte o treinta por decir una cifra. Tenía una herida que abarcaba todos los dedos de la mano, producida con un bidón que estaba roñado y cada vez que le cambiábamos los vendajes los encontrábamos sucios de excrementos de vaca y otras lindezas. Pues a esta mujer nunca en la vida se le infectó ninguna herida, ni tuvo problemas con el tétanos, en cambio yo llegaba a casa llena de picaduras de pulgas y vete tú a saber qué más.

En relación a este tema, conocí a una mujer que venía como una cebolla, con un montón de distintas capas de ropa. Calculamos que igual hacía diez años que no se cambiaba de ropa ni se lavaba (carecía de baño en su casa). La ropa, sobre todo las de las capas más profundas, estaba prácticamente desintegrada. Ayudándole te quedabas con cachos en la mano. Una vez la tuvimos que enviar al hospital y antes de que llegara la ambulancia la estuve lavando con lejía.

Asimismo, recuerdo otro caso, en la zona minera donde trabajaba, de un hombre que era un auténtico cochino. Éste discutía conmigo cuando le comentaba la necesidad de tener una adecuada higiene, insistiendo en que él se lavaba habitualmente y en que no tenía sucias las vendas con las que le curábamos un pie debido a su diabetes. También me decía que las pulgas que salían de su herida cuando se la descubría no eran tales porque a él no le picaban. No tengo ni que decir que pasé todo el tiempo que duró la recuperación con granos de picaduras en distintos estadios de evolución.

También asistí a un hombre con una artrosis generalizada que no le permitía casi moverse y que tenía las manos inutilizadas: para rascarse el oído cuando le picaba, utilizaba el hierro que se usa para mover la leña en las cocinas bajas.

Aún me duele el caso de una mujer a la que le tuvimos que enseñar a utilizar las compresas, con la dificultad de hacerle entender que sólo se pueden utilizar por un lado ¡qué daño los pelos, ah!

# 7
# ARAGÓN

***A. R.***

*Tiene 31 años y lleva 10 trabajando por todos los servicios que uno pueda imaginar: hospitalización (cirugía, plástica, trauma, unidad de lesionados medulares, urgencias, intensivos, cardio, medicina interna, neumo, infecciosos, pediatría, psiquiatría...), atención primaria, en donantes de sangre por los pueblos de Aragón...*

*Actualmente está trabajando fija en la UCI de un hospital de Zaragoza, desde hace 5 años.*

Cuando en el hospital te cuentan las típicas anécdotas de que la gente viene a Urgencias con cosas en los genitales, como una pera, un pescado, la bola de un cabecero… no te lo crees, pero yo también puedo dar fe de ello. Un día vino un camionero diciendo que le habían parado y le habían obligado a meterse algo por el ano. Hicieron una radiografía y vieron un consolador bastante introducido, requería sacarlo con cirugía. Los médicos le dijeron que si estaba seguro de lo que contaba. El hombre afirmaba que era cierto. Hasta que los doctores le comentaron:

—Bien, no se preocupe, cuando se lo extraigamos, tendremos

que llamar a la Policía porque lo que le han hecho es un delito, y entonces sacarán las huellas digitales en las que se desvelará el autor del delito.

Cuando el hombre oyó aquello, se puso a llorar y declaró que se lo había metido él. Había venido acompañado por su mujer e hijos a Urgencias.

También hemos visto parejas que en pleno acto sexual se les ha hecho vacío y se han quedado atrapadas sin poder desencajar el aparato genital del de su pareja. Con la ansiedad, la mujer aún oprime más el genital de su compañero, con lo cual es un cuadro. Y a Urgencias vienen en una ambulancia y cubiertos con una manta… ¡un *show*!

Otra anécdota sexual es de una pareja de 55 años que viene a Urgencias. Primero pasa el marido todo avergonzado porque le duele y tiene mucho escozor en los genitales. El médico le dice que no se preocupe que le pondrá tratamiento y cederán los síntomas. Cuando acaban de atender al marido, la mujer confiesa:

—A mí me pasa lo mismo en la garganta.

Otras anécdotas implican más riesgo para el personal, porque lo malo no es tener un paciente psiquiátrico sino que su familiar lo sea. Ayer me contó una compañera que la familiar de un paciente le amenazó:

—Te voy a arrancar todos los pelos del coño, zorra.

Luego echó a correr tras ella hasta que el médico (algo poco habitual) la interceptó y le advirtió que no podía llamarla zorra. La señora respondió:

—Zorra es el femenino de zorro.

En Rayos le pide la técnico a un paciente (refiriéndose a un agarradera que había):

—Sujétese a los *pitorricos*.

Cuando se giró, la señora se estaba sujetando los pezones.

Una señora de edad avanzada acude al médico de cabecera a recoger el resultado de una citología. El médico, muy antipático, no le saluda ni nada, directamente le lee el resultado:

—Cándidas.

—No señor, yo me llamo Francisca —replica la señora.

Otra anécdota con la que se te ponen los pelos de punta tiene que ver con que yo trabajo en una UCI, donde todos los pacientes, bueno, la mayoría, están sedados. Pues cuando suben a planta muchos manifiestan haber visto a una niña en el box 1. Es curioso porque no se lo pueden contar entre ellos al subir, no coinciden entre sí, pero sí que concuerdan la historia y el lugar donde supuestamente la han visto. Si te lo preguntas, no se nos ha muerto ninguna niña allí.

Hablando de muertos, es cierta la historia de que aparece una mosca y que no hay manera de echarla cuando se va a morir un paciente. Y dos si se van a morir dos. Tiene su lógica: los animales detectan antes que los humanos la putrefacción.

***Centro de salud de Casablanca, Zaragoza***

*La enfermera S.B. y sus compañeros del ambulatorio comentan algunas anécdotas que les ocurren de vez en cuando. Aseguran que en los hospitales y en Urgencias pasan muchas más historias, si bien su experiencia acredita que ellos tampoco se aburren.*

Estando en planta teníamos un enfermo terminal con un rictus cadavérico, respiración muy superficial, y la chica que lo cuidaba, que no tenía ninguna experiencia sanitaria, a las ocho de la mañana se imaginó que había muerto y llamó directamente a las pompas fúnebres sin avisarnos a las enfermeras ni al médico ni nada. De hecho, nosotros nos enteramos porque vinieron los de la funeraria y nos dijeron que venían a buscar al señor tal, a tal habitación. Y nosotros, atónitos:

—¡Pues si aún no se ha muerto!...

Fuimos a comprobarlo y no, no se había muerto. Todavía, porque a las tres horas sí que falleció, pero no podíamos dejar que la funeraria se lo llevara vivo, el pobre abuelo, que abre un ojo y ve pompas fúnebres La Estrella...

También nos regalan a veces cosas: a una enfermera un abuelo le regaló tizas de colores, y a mí había un hombre que tenía que venir a curarse la pierna cada día durante dos meses y se empeñó en que le curara siempre yo, me preguntaba los horarios, los días de fiesta... Mis compañeras decían que estaba enamorado de mí, y yo creía que exageraban, hasta que el último día me regaló un colgante con un corazón y reflexioné: «Pues igual algo de razón tenían»... Pero el hombre era majo, y de hecho, no solemos tener problemas en ese sentido, lo máximo que me ha pasado es que venga un hombre a curarse su pene, por operaciones de fimosis y así, que algunos pasan vergüenza e incluso requieren que les atienda un hombre, o que un niño de 8 ó 9 años se excite al hacerle una revisión en la que hemos de tocarle los pulsos en la ingle y también un poco los genitales. A éste le debía de hacer gracia aquello de que le íbamos a quitar los calzoncillos o no sé, pero de repente lo vi empalmado y pensé: «Pues sí que empezamos pronto»...

Con la píldora del día después, cuando salió y se habló tanto sobre ella en los medios, hubo un *boom* y venía a pedirla mucha gente, pero ahora ya está más tranquilo, está muy controlada porque tenemos que quedarnos delante mientras ella se la toma y hacerle un test, darle unos consejos... El otro día tuvimos una pareja que no era de este centro ni de Zaragoza y el médico se puso un poco estricto y les pidió que trajeran el Predictor antes de dársela para ver si estaba embarazada previamente. Esto se hace porque al principio la gente abusaba y nunca sabías si estaba matando al feto concebido de una vez anterior o de la presente, con lo cual para incitarles a que se lo piensen un poco, a veces se pide que vayan a comprar el test de embarazo. En este caso concreto, como hay que pagarlo, ya no regresaron a por la píldora. Es que no se puede dar sin más ni más.

Cuando los representantes farmacéuticos hablan de las medicaciones para la calidad sexual, se centran en la impotencia, la eyaculación, etcétera, pero jamás nombran nada de sexualidad femenina. Si les preguntas qué efecto tienen en los genitales femeninos, responden que no lo habían pensado. Por ejemplo, con los vasodilatadores, siempre hacen referencia al pene, cuando es de cajón que también dilatarán los vasos y habrá una mayor vascularización en los genitales femeninos.

Vino un día un abuelo que en vez de llamar al 061 como hace todo el mundo, él insistía en decir que había llamado al 016 y el médico que justo bajaba de la ambulancia le seguía la bola:

—Ah, ¿y le han contestado? Mmm, qué suerte. ¿Y qué le han dicho?

Convencidísimo estaba el hombre.

Ésta le pasó a una compañera que trabajaba en un centro de salud que había sido previamente un bar y lo habían adaptado hacía unos veinte años porque no tenían otro sitio donde ponerlo. Al parecer estaba cerca del río y los sótanos debían de estar conectados de alguna manera porque les apareció una culebra de agua en pleno ambulatorio. ¡Y casi se mueren del susto!

Un amigo mío que es enfermero venía de quitar escombros (por su pluriempleo como paleta) todo guarrete, con el mono de trabajo... Iba con el coche, en cuyo maletero lleva siempre la caja de herramientas y adentro, en una bolsa, guarda el botiquín, con sueros y un poco de todo. De repente, vio un accidente de moto, salió del coche, cogió la caja de herramientas para ir a ayudar al enfermo pero los allí presentes lo mandaban a arreglar la moto porque ¡se creían que era el mecánico! Y todo el mundo alucinando porque el mecánico había llegado antes que la ambulancia, claro.

Tengo una amiga que estaba trabajando como médica en un pueblo y por la noche la llamaron al timbre para que acudiera a resolver una urgencia. Salió con la bata porque estaba en la cama y le pidió el señor:

—Por favor, bonita, llama a tu padre, que ha habido un accidente.

Se pensaba que era la hija del médico, seguramente no podía concebir que la médica fuera una mujer.

A otra enfermera que trabajaba en Calatayud o por ahí hace ya bastantes años, más o menos cuando ella tenía 20 e iba aún con sus minifaldicas, la llaman para un aviso en un pueblo y la viene a buscar un chico joven en una moto con un sidecar de esos antiguos. Como no tenía otra manera de llegar, se tuvo que subir y fue todo el camino intentando alargar la falda de dos palmos muerta de vergüenza.

En cuanto a la falta de higiene, me vino la única familia gitana que hay inscrita en este centro, al completo, y aún se moderaron, que a la consulta entraron sólo cinco o seis. Pero el hedor era de no haberse duchado en su vida. Le tuve que curar los pies a los dos críos, imagina qué perfume aparte del olor normal en cualquier persona limpia. Me gané el sueldo, vamos. Tenían una enfermedad bacteriana que es contagiosa y les estuve curando heridas en la cabeza, en los pies... Cuando se fueron, aparte de abrir las ventanas, quise tirar todo, incluso las tiritas envasadas que no había utilizado pero había tocado con los guantes con los que les estaba curando a ellos.

La verdad es que antes la gente tenía la muy buena costumbre de ponerse las mejores galas para ir al médico, pero ahora se ha perdido. La gente que vive en los pueblos no se lava mucho, y aun en las ciudades, los abuelos se lavan por partes, en cuanto no puede mover la pierna para entrar en la bañera, va al barreño y mete los pies, se remanga el pantalón y hasta la rodilla. Y claro, luego te encuentras de todo. No son metrosexuales, no. Pero hay que tener en cuenta que hace treinta años la gente no tenía agua corriente en sus casas, muchos se lavaban con el agua de la lluvia bien soleada. Hasta el punto de que en las normas de urbanidad se le decía a la población lo que tenía que hacer incluso en ámbitos tan privados como el de la higiene. Y evidentemente si era necesario pedírselo, se debía a que no les salía motu proprio. El lema, para hacerse una idea, en forma de verso pegadizo, era «Cada dos meses o tres, lávate niña los pies».

Un abuelo de estos que viven en una masía tuvo una lesión ocular y le curaron en el centro de salud más cercano, se lo taparon para protegérselo y le dijeron que volviera. Cuando se le ocurrió volver, había pasado tanto tiempo que al levantar la cura había anidado allí de todo, al parecer se le había metido una mosca y habías hasta larvas. Espeluznante.

También me encontré un grano de maíz que había germinado en la nariz del hijo de unos agricultores. Los padres sospechaban algo raro pero tampoco les había llamado demasiado la atención teniendo en cuenta cómo olía aquello. Cuando lo tumbamos ya asomaba perfectamente y en cuanto empezamos a tirar con las pinzas de lo que salía por la nariz alucinamos, porque tenía hasta los tallicos.

Tratamos a un hombre varias veces al que creemos que su mujer mató de tanto que lo maltrataba. Una vez vino sin un trozo de oreja; otra, le había arrancado la sonda vesical, que lleva un globito, como un tope que impide sacarla fácilmente... Al final, él murió, no sabemos cómo, y ella sigue por aquí.

Llamaron un día de una casa de aquí al lado diciendo que un hombre había fallecido. Cuando mis compañeros me pidieron que llamara al domicilio para ver si podían bajarlo, yo aluciné:

—Pero ¿cómo van a bajar al muerto aquí?

No se trataba de bajar al muerto, el malentendido vino porque yo no sabía que el médico había dejado encargado que cuando llegara la funeraria le bajaran el papel de la defunción para firmarla. Y eso era lo que me pedían, claro. La anécdota se exageró tanto que al final ya parece que llamé a la familia y les exigí que bajara el difunto a firmar su propia defunción.

# 8
# FUERA DE ESPAÑA

Éste es el reportaje, escrito para *El Periódico de Cataluña,* que motivó el libro en su conjunto y que viene ilustrado además con el testimonio de una de esas enfermeras que se ató la manta a la cabeza para marcharse a otros países a ejercer su profesión de una forma digna.

## Enfermeras a la fuga

La falta de enfermeras está dejando los hospitales bajo mínimos, con la paradoja de que muchas se marchan al extranjero mientras otras, menos preparadas, vienen de Sudamérica a sustituirlas.

«A este paso llegará un día en el que nadie trabajará en un hospital.» Con esta frase lapidaria abre la enfermera Elisa Martín la caja de los truenos que resuenan hoy en muchos hospitales. Primero, por la fuga de enfermeras al extranjero; segundo, y en cierta parte, como consecuencia, por la falta de personal que asola el sector sanitario como un pez que se muerde la cola.

Para entender la carencia de profesionales, conviene comenzar por explicar las condiciones en las que trabajan éstos. Lo describe

Elisa Martín, también representante del Sindicato de Enfermería (Satse) del hospital Sagrado Corazón de la Alianza: «Le has de dedicar muchas horas, incluidos fines de semana, turnos de noche, y para alternarlo con una vida familiar es complicado, no te compensa, porque tienes los problemas de tu familia más los que conlleva trabajar en sanidad. Tú eres la que está a la disposición del paciente las veinticuatro horas, y los familiares y los pacientes te explican sus preocupaciones a ti. Al principio, lo coges con ilusión, estás muy motivada, haces muchas horas… pero llega un momento en el que no puedes más, porque afecta a tu salud, vas absorbiendo problemas, pero al final te sobrepasan y te los llevas a casa. Hay una carga de trabajo muy fuerte, padecemos mucho de la espalda porque tenemos que realizar esfuerzos para solucionar circunstancias acuciantes en momentos críticos. Por ejemplo, si estás levantando un paciente y se te desmaya, no puedes esperar a que venga alguien a ayudarte, tienes que levantarlo tú. Y eso acaba repercutiendo en tu estado físico».

Lo peor, se lamenta Alicia Bernat, de CCOO, es que a veces el paciente ni siquiera lo agradece: «Yo la fuga la considero lógica, ya que estamos muy mal remuneradas, muy mal consideradas y muy mal tratadas, incluso por los pacientes, que nos echan la culpa de todo. A pesar de ello, nosotras los tratamos lo mejor posible, cuando a veces te dan ganas de mandarles a paseo, y si me dan ganas a mí que llevo cuarenta años en la profesión… imagínate a una joven. Es más, el otro día una que estaba haciendo una suplencia en consulta, se negó a ir a planta del hospital y enviaron a una compañera mía de 50 años que tiene la espalda hecha polvo. Nadie quiere trabajar en planta de los hospitales».

A Elisa Martín no le resulta extraño, «con estas condiciones laborales, teniendo que trabajar un fin de semana sí y otro no, quedando una enfermera sola por planta para cuarenta y tantos pacientes con la misma carga de trabajo que entre semana... Porque nos salvamos de las pruebas, pero las curas, los tratamientos, la medicación, etcétera, seguimos haciéndolas, con el añadido de los familiares que vienen durante el fin de semana, a los que hay que explicarles todo bien, tienes que educarles a ellos y al paciente en la prevención, para que cuando vuelva a casa aprenda a hacer sus curas, a administrarse la medicación, etcétera».

Suma y sigue: «A la enfermera le compete todo: el trabajo de las auxiliares, de las dietistas, de las limpiadoras... Somos las coordinadoras de todo el equipo de profesionales de categoría inferior, hemos de estar pendientes de si se le ha hecho bien la higiene y la cura, de si la comida es la que le corresponde por su dieta, de si el familiar sabe cómo le tendrá que atender en casa, explicándoselo hasta por escrito y oral, para que no se olvide, partiendo de que cuando uno está enfermo se siente más indefenso y nervioso, y no entiende las cosas igual que cuando está bien. Todo lo cual puede conllevar hasta media hora y si tienes quince o veinte enfermos, no tienes el tiempo material para dedicarles el que necesitan, lo cual para ellos puede suponer llegar a casa, no entender nada del tratamiento y tener que llamar al hospital o volver para intentar localizar a la enfermera, pedirle otra nueva explicación, etcétera. Si el paciente ha de derivarse a otros centros, también es la enfermera la que se preocupa de recopilar todos los informes adecuados, el alta hecha, la burocracia, el informe del médico... Son cosas que no se ven y no se pueden plasmar en un documento, ni se puede establecer el tiempo necesario para cada paciente porque depende de si un día está deprimido y necesita más apoyo, o si está más serio y no tiene ganas de hablar, con lo cual saldrá antes de la consulta...».

Luis Gil, enfermero del grupo de enfermería de UGT va un poco más allá en el análisis de las causas: «La falta de personal la estamos sufriendo sobre todo en la sanidad privada, porque hay un envejecimiento de la población, dado que es una profesión que tiene muchas cargas de trabajo que provocan lesiones dorsolumbares a la larga, de hecho, es raro que enfermeras que llevan veinticinco o treinta años no tengan ahora una lesión músculo-esquelética; por culpa de una gestión deficiente en cuanto que la sanidad genera mucho dinero pero no se reparte equitativamente; por un perfil de enfermera que hasta ahora se ha considerado como segundo sueldo en la familia, que además del trabajo, llevaba los hijos, la casa, las cargas personales... lo que les ha impedido durante mucho tiempo reivindicar sus derechos o llegar a cargos más altos. De ahí que las únicas que los han alcanzado sean las solteras, las que no tenían doble trabajo, pero eso deja muy pocas posibilidades de promoción, puesto que están tan consolidadas que en muchos centros no se convocan plazas desde hace más de quince años y la edad media de las enfermeras, según algunos estudios, es de 55 años. Eso desvela el problema de envejecimiento del personal que va a haber dentro de diez años». Y más teniendo en cuenta que al eliminar la FP por la que la mayoría de los estudiantes entraban a estudiar la diplomatura de Enfermería, muchos han dejado de estudiar la carrera, con lo cual faltan varias promociones que ahora convendrían como agua de mayo.

De las que sí se atrevieron, varias tituladas en la Escola Sant Joan de Deu, adscrita a la Universidad de Barcelona, actualmente de prácticas en la Alianza, confirman todo lo anterior. Con Carme Coma como portavoz: «Aquí te pagan muy mal, los horarios y los turnos rotativos, las noches, los festivos... el hecho de que te avisan con poca antelación para encargarte una suplencia, con lo cual no puedes hacer planes; los contratos precarios, que no te dan posibilidades de conseguir un puesto, ni una estabilidad laboral... Claro que falta personal, pero el que entrara debería ser cuidado y ofrecerle contratos en buenas condiciones. Yo disuado a todo el que se plantea estudiar Enfermería. Sales de la carrera y lo primero que te van a ofrecer es este tipo de suplencias temporales y tienes que aguantar años hasta conseguir algo más seguro, con lo que no te puedes permitir ni un piso. Aguantamos porque es una carrera vocacional, pues visto lo visto no te da buenos augurios; pero nos gusta y por eso nos quedamos y lo hacemos, porque tiene que haber alguien que lo haga. Es totalmente altruista a pesar de que tenemos que cobrar para ganarnos la vida. Hay que hacer piña, quejarse y patalear». Tras esta letanía, concluyen al unísono: «Es normal que nos vayamos fuera».

Así lo reconoce también el Consell de la profesión de enfermería, que, según María Jesús Almagro, «va a presentar a la consellera de Sanidad varios estudios que demuestran que hay una falta de profesionales y que parte de la culpa radica en que se está perdiendo el interés en estudiar Enfermería, no en vano algunas escuelas están cerrando. Y de las personas que sí estudian la carrera, la mayoría se declara dispuesta a marcharse fuera». Las ventajas las enumeran todos, empezando por Elisa Martín: «Francia, Inglaterra e Italia están contratando enfermeras españolas con unos sueldos altísimos y ofreciendo incluso el curso de idiomas y la vivienda gratis. Aparte de que están muchísimo más reconocidas que aquí, tienen un trabajo más gratificante, con un número de pacientes de ocho a diez, con los que están más en contacto porque disponen de más tiempo para cada consulta, las contratan como especialistas de técnicas concretas... Además, les adecuan los horarios a otras actividades como estudios, a la conciliación con la vida familiar, tienen más flexibilidad según las cargas de trabajo, en cambio aquí son muy estrictos los turnos».

Alicia Bernat agrega: «Allá no las quieren dejar ir ni para vacaciones, las tratan como reinas, ganan el doble, no tienen que limpiar culos, que suele ser la tarea del auxiliar, no estudiamos una carrera para eso». Luis Gil ahonda: «Normalmente, la fuga se produce de los 20 a los 28 ó 30, edad en que ya empiezan a buscar una estabilidad. En esta franja no sólo hay gente que se marcha al extranjero porque la enfermería española está mejor reconocida y remunerada allá, sino también porque aquí tenemos el problema de que la estabilidad laboral en la enfermería se consigue después de diez años y a un alto coste para la vida personal, con unos salarios no equiparados a las responsabilidades que te cargan ni al coste de la vida. Si a eso le sumas que estás libre de cargas familiares y no pretendes emanciparte y formar una familia a los 22, como se hacía antes, es lógico que haya una fuga allá donde nos den trabajo, mejor salario, estabilidad y vivienda».

Y por los mismos motivos, las que no se van prefieren trabajar en un Centro de Asistencia Primaria (CAP), como comenta Martín, de Satse: «La mayoría de las jóvenes enfermeras que salen hoy se presentan a oposiciones para meterse directamente en la sanidad primaria, en los ambulatorios, porque trabajan de lunes a viernes, libran festivos, se dedican a pasar consulta, que es mucho más agradable que trabajar con el paciente con problemas agudos. Yo lo entiendo porque acaban de terminar la carrera, lo tienen todo muy fresco y está mucho mejor remunerado, pero me parece un desperdicio de vitalidad». Luis Gil comprende que muchas demanden CAPs en cuanto que hay ofertas de trabajo: «El aumento de la esperanza de vida hace a las personas más independientes, aumentan los cuidados a domicilio, realizar los cuidados es mucho más barato gracias a las nuevas tecnologías... En los ambulatorios públicos trabajas menos, cierran los viernes hasta el lunes y te pagan más».

Uno de los graves problemas de la Sanidad es la enorme diferencia entre los centros públicos, concertados o privados, por los diferentes convenios por los que se rigen. Lo cual provoca un continuo trasvase de unos a otros en función de la oferta más conveniente, con la consiguiente plaza vacía hasta que se consiga a una suplente, que también puede marcharse a la mejor ocasión: «Cuando viene alguna enfermera a hacer una suplencia, en muchos casos les ofrecen un puesto mejor pagado en otro sitio y se va, rescinde el contrato y punto», afirma Martín, y prosigue con las consecuencias más directas para las enfermeras que siguen trabajando en el hospital: «Estamos sufriendo hasta un 15% de bajas en la plantilla debido al estrés acumulado por la falta de personal, a que cuando falta una enfermera especializada mandan a otra que no lo está, con lo cual pasamos malos ratos; a que el trabajo de dos lo tiene que hacer una... Todo ello, al final, está llevando a muchas al *burn out* (quemazón laboral), lo que implica aún menos profesionales de la Sanidad en activo».

¿Hasta qué punto los pacientes se están viendo perjudicados? En las salas de espera de las consultas reina la resignación, muchos no se molestan ni en protestar: «Las veo tan agobiadas que me da hasta palo pedirles nada». Si bien, Ana Arapiles, auxiliar afiliada a UGT cree que, al menos a la hora de la verdad, no acusan la falta de profesionales: «Todo el personal sanitario deja su malestar aparte para que el paciente disponga de todos sus cuidados, porque él no tiene la culpa, así que se le trata igual, aun a costa de echarte toda la carga, de problemas de sueño, de salir fatal, de dolores de espalda».

Luis Gil coincide en que «los pacientes no se enteran porque se han establecido sistemas de gestión empresarial como si vendiéramos productos, y resulta que damos servicios, pero se mide la eficacia por la ocupación de las camas, no por la calidad asistencial. Sólo valoran los números, si han reducido las listas de espera, si han quedado más o menos bien... No les importa cómo haya sido».

Sin embargo, a las enfermeras sí les importa. Por eso están movilizándose y reivindicando mejoras a todos los niveles. En Satse piden «que se motive al personal, no sólo a nivel económico, sino procurando que la enfermera se sienta bien, reconocida, segura de contar con un equipo de trabajo que puede organizar con autonomía; que se vaya contenta y motivada, porque todo se lo trasmitimos al paciente, involuntariamente, con un gesto, una mirada... y si una está mal, igual lo único que consigue es que se deprima más».

María Jesús Almagro, como responsable del grupo de Enfermería de UGT, considera imprescindible obtener «mejoras laborales, económicas, profesionales y sociales, que se reconozca que es una profesión muy esclava, que carga con un estereotipo que hay que reparar, potenciando su valor, una imagen más profesional». Y apunta que desde el Consell van a proponer a la Consejería de Sanidad «que realice nuevos estudios más actuales y en profundidad, para que, a partir de ahí, tome cartas en el asunto». Antes de que lo que ya está alarmando a los sindicatos sea verdaderamente irremediable: «Para paliar la fuga de las enfermeras españolas, aquí están contratando a gente que viene mal preparada de Sudamérica, hasta sus médicos son para echarse a temblar», reniega Bernat. Y se prevé que dentro de poco contratarán en destino a enfermeras del Este. Paradójico, cuando menos.

***P. A.***

*A sus 29 años, es la representante de toda esa generación de enfermeras jóvenes que se están marchando a trabajar al extranjero aprovechando la gran demanda de personal de países como Francia, Inglaterra, Portugal, e incluso de las antiguas colonias en Latinoamérica, Asia y África, donde las experiencias vividas difieren bastante de las de sus colegas en España.*

Estuve trabajando en el hospital de San Juan de Dios de Zaragoza en Paliativos durante un año, dos semanas en Urgencias, y un tiempo en Huesca, pero yo lo que deseaba era irme al extranjero para aprender idiomas, formas de trabajar, etcétera. A pesar de que quería irme a Londres o a la zona inglesa, que era donde más demanda había, la oportunidad surgió en París y me apeteció también. Por medio de la Universidad de Lérida me fui allá sola, sin conocer a nadie, nos dieron unas clases de francés en unos hoteles y trabajé en el primer hospital seis meses, con el piso pagado y bien remunerada. Pero no me gustaba cómo se trabajaba allí y preferí marcharme a otro, con el inconveniente de tener que buscármelo por mi cuenta, encontrar piso, que allí es muy complicado... Eso por no hablar de las dificultades que acarreó sacarse la tarjeta de residencia en Francia, necesaria para abrir una cuenta en un banco y, por lo tanto, sin ella no podíamos ingresar los cheques que nos pagaban. Íbamos un grupo de veinte personas con casi dos mil euros en el bolsillo sin poderlos cambiar en efectivo, hasta que un banco se apiadó de nosotros, entendió que no era lo más conveniente andar por ahí así durante los dos meses que tardaran en entregarnos la tarjeta y se hizo cargo de nuestros sueldos.

Finalmente, conocí a una chica que trabajaba en dos hospitales haciendo hemodiálisis, esa técnica aplicada con unas máquinas que limpian el riñón que siempre me había producido mucha curiosidad pero no había tenido oportunidad de aprender más allá de lo que nos enseñan en la carrera. Conseguí que me hicieran una entrevista y me propusieron enseñarme durante un mes para que, una vez formada, pudiera quedarme sola. Además, les pedí que me ayudaran a buscar piso y me alquilaron uno por alrededor de cuatrocientos euros al mes que justo se quedaba libre en un bloque de viviendas muy antiguas que había al lado del hospital y a cinco paradas en metro del centro de París. Luego resultó que tenía calefacción eléctrica por lo cual el gasto era inasumible, me quejé y acordamos que ellos me pagaban la luz y el agua. Aquello era un toma y daca porque ellos andaban muy escasos de personal pero yo me esforzaba muchísimo por hacer mi trabajo lo mejor posible. Y no fue fácil porque al principio, por culpa del francés, lo pasé muy mal. Había enfermos muy despectivos, otros estudiantes franceses que venían detrás nuestra a vigilarnos, algunas enfermeras recelosas de las españolas porque trabajábamos mejor que ellas... No lo digo con maldad, su problema era que llevaban la enfermería muy retrasada: mientras que en España se estudia en la Universidad, allí es un ciclo de FP. Su ventaja es que ellos tienen muchas más prácticas, así que también aprendí muchas cosas de ellos. Sin embargo, aunque tenían gente especializada en sacar sangre, los enfermos rogaban que se la sacáramos las españolas, pese al rechazo inicial por el idioma, al final nos aceptaban muy bien.

Allí estuve un año y pico, con mi novio, que vino a hacer un Erasmus de Veterinaria, y lo que aprendí de hemodiálisis me sirvió después al volver a España para que me cogieran en el hospital de San Jorge en Huesca. Pero eso fue más adelante, porque yo no quería regresar aquí, me apetecía seguir dando tumbos por el mundo y recorrerlo entero, y como en el hospital había mucho personal (de limpieza, mantenimiento, etcétera) originario de todas las ex colonias francesas y nos contaban que en sus países había muchísima demanda de enfermeras, me fui con una amiga a La Martinica. Llegamos sin trabajo ni nada, pero se desvivían para que nos quedáramos allá y me habría encantado permanecer por lo menos un año, justo para aprender e irme a otro lado, pero mi novio no encontraba empleo como veterinario y tuvimos que volver a los cinco meses.

Por el contrario, vino una gallega para vivir la experiencia como enfermera para tres meses justo antes de casarse, e inesperadamente, lo dejó todo, incluso al novio, y sigue allá, cuatro años más tarde, ejerciendo como enfermera liberal, autónoma, porque allá no hay centros de salud, sino que van ellas con el coche a atender emergencias. En La Martinica, de hecho, todo el mundo va con el coche porque las casas están desperdigadas por las montañas y acude a la ciudad a trabajar cada día, de manera que se le ha acabado apodando «la isla de los atascos». En general, el tráfico es un caos, y hay muchos accidentes porque muchos conducen borrachos, le dan mucho al ron, que además es muy neurotóxico, por lo que están muy sonados y bastantes acaban en Neuropsiquiatría.

Allí aprendí bastante del comportamiento de los esquizofrénicos, que de repente te quieren pegar pero, enseguida, calmándoles con unas palabras, te están abrazando. Aparte de ir en coche asistiendo casos de malos tratos, violaciones a niñas, accidentes y demás en plena selva, si es necesario, nos encontramos a enfermeras que se planteaban la vida a bordo de un barco. Viven en él, ahorrándose el alquiler, y les permite ir de isla en isla llevando el material necesario para curar a sus gentes. Viajando cambias el chip porque si no, te volverías loca, y haces cosas que no harías aquí, locuras arriesgadas.

Son muchas las enfermeras que empezaron en Francia como yo y ahora están por ahí trabajando en las Antillas, en Nueva

Caledonia, en la Polinesia, en la isla de la Reunión, en la de Guadalupe, e incluso por Senegal y otras colonias francesas para no complicarnos con la declaración de la renta, la tarjeta de la Seguridad Social y todos esos trámites tan engorrosos. En mi caso, seguiría dando tumbos durante unos años, pero como mi novio no encontraba trabajo, nos volvimos a Huesca y a Zaragoza y, por el momento, nos hemos venido a Palma de Mallorca.

Trabajo en un hospital y una vez una compañera mía me enseñó la radiografía de un chico que vino con un vaso de Nocilla (sólo le faltaba la etiqueta) en el recto. Llamaron incluso a los de mantenimiento para ver si se lo podían sacar de alguna manera para no tener que abrirle, pero estaba demasiado incrustado y fue necesario intervenirle. Le salió caro el asunto porque hubo que ponerle incluso una bolsa para que evacuara, pobre.

## 9
## UN FORO ESTATAL EN INTERNET

*En este capítulo se recogen multitud de anécdotas de varias Comunidades de Enfermería que mantienen su foro en Internet y que les han ocurrido a profesionales repartidos por toda España.*

Una enfermera me explicaba que en su hospital, había una señora mayor que después de varios días de ingreso y refiriendo que era de «buen comer», observaron que no solía cenar nunca. Se limitaba a la comida del mediodía. Un día le preguntaron que si estaba inapetente, a lo que ésta respondió que sólo almorzaba porque la comida era muy cara, y su pensión no le permitía hacer excesos. Se le explicó que era gratis e iba incluida en los servicios que ofrecía la Seguridad Social, a lo que la señora contestó:

—¿Y por qué cuando entráis decís: «La de 2.500 para la señora del 12»?

Ella pensaba que las calorías eran el precio, por lo que tras hacer números, llegó a la conclusión de que no le llegaba para nada más que una comida al día.

En un hospital de Barcelona otra enfermera contaba que en la unidad de Respiratorio una enferma, al día siguiente de ingresar y estando bastante grave, pidió el alta. Viendo que no la podían convencer y que no estaba en condiciones de irse, llamaron a la responsable de Atención al Usuario, y le explicó que unas enfermeras golpeaban a su compañera de habitación y además se lo decían de forma descarada:

—Hola, venimos a darle la paliza de cada día.

¡Después de aclarar el tema, resultó que se trataba del *clapping* que tenía pautado y que según su compañera de habitación le dejaban como si le hubieran dado la paliza! Ella escuchaba golpes tras la cortina debido a que el *clapping* consiste en dar palmadas ligeras con una mano ahuecada en la parte posterior de un paciente, en el pecho y debajo de los brazos para despejar la mucosidad del paso de la respiración con el fin de mejorar la circulación de aire.

*Otra enfermera comenta:*

Hoy ha sido la leche. Primero que si a una mujer que le habían perfilado los labios en la peluquería con algo que debe de ser medio permanente o no entiendo cómo si no ha llegado a ese extremo: el caso es que le habían puesto un color muy rojo, y quería bajar el tono, así que… ¿cómo bajar el tono? Pues como si fuera una camiseta, vamos a echarnos bien de lejía por los labios. Dios… ¡qué morros llevaba! ¡Todos *requemaos* y terribles! Claro que el que ha venido después con desgarro en el pene porque su novia debe de ser un poco… Pues ahí con sus papis, que el caso nos lo ha expuesto el padre.

Pero quizás la palma se la lleva el que cuentan que fue otro día con un diente de ajo incrustado en el oído. Le mandaron para

Urgencias a que se lo quitara el otorrinolaringólogo porque no lo sacaba nadie de allá. La razón: su amigo le recomendó aquello de «oye, eso es mano de santo para la otitis».

A nosotros, una noche en el PAC (Puntos de Atención Continuada), nos llamaron por teléfono a la una de la madrugada. Era una señora que se había ido con su hijo de 9 años a pasar la noche a Madrid con una amiga. Y nos llama porque, de repente, su hijo, que estaba durmiendo, se ha despertado sudando, llorando y muy asustado…

—Señorita, ¿piensa usted que ha podido ser una pesadilla?

La médica necesitó unos segundos para poder reaccionar ante tal pregunta.

Ésta me recuerda otra. Traen bebé de 2 meses, motivo de consulta:

—Es que se ha caído una caja cerca de él y no sabemos si le ha dado. ¿Ustedes pueden averiguarlo?

Y cuando nos viene un hijo con su madre (ésta de setenta y tantos años) porque observa falta de oxígeno desde hace una semana, ya que le ve que tiene los labios morados. Miro a la mujer bien, le digo que abra la boca… y le pregunté que con qué se lavaba la dentadura postiza. Y me dice que con pasta de dientes. Empapé un algodón estéril con SSF (solución salina fisiológica), lo pasé por los labios… y *¡zas!* La cianosis desapareció y se impregnó en el algodón… Lo que le señalé al hijo fue:

—Su madre no tiene una falta de oxígeno, tiene una falta de higiene.

Una muy sonada: llega a Urgencias un señor de más de 70 años a la consulta de clasificación del hospital. Va vestido normal y sujeta un sombrero con la mano a la altura de la entrepierna. Al preguntarle, anuncia que tiene su «cosa» atascada en una vinagrera de cristal.

—Pero ¿cómo ha podido pasar? —pregunta la pobre enfermera que, para colmo, estaba ya a final del turno de doce horas.

—Pues nada… fregando —fue la respuesta.

*¿Ein?* El pobre hombre se libró del quirófano por poco, porque eso no había manera de sacarlo. Al final el urólogo pudo, con mucho esfuerzo y vaselina. El señor sólo decía «ay, me ha tentado el diablo». ¡Más bien es que las vinagreras las carga el diablo!

Esto de la vinagrera me recuerda la señora que se cayó de tan mala forma que se le introdujo el mango del aspirador… También me llamó la atención un perro que no se podía salir (leche, ¿no sabe usted que los perros dilatan cuando eyaculan?) y una estatuilla de una Virgen dentro de… Vamos ni al director de cine Abel Ferrara se le habría ocurrido una profanación mejor…

*Un compañero añade:*

—Debe de ser muy frecuente, porque un señor que atendí yo también se cayó, según él, y como consecuencia se le metió un palo por el ano…

—En las Urgencias de mi hospital entró un muchacho con un botellín de cerveza dentro del… *—añade otro—*. Se hizo famoso en el hospital entero.

Estamos el doctor Joaquín y yo haciendo un informe, suena el busca, era de la sala de observación en Urgencias. Joaquín llama:

—Sí, hola, dime… ¿qué pasa? *¿Ein?* Bueno, pregunta por él… Sí, con una colonoscopia se puede, vale, ja ja ja… Bueno, es así, de todo hay. Llámalo, que está de guardia…

Yo allí a dos velas, le pregunto:

—¿Qué pasa, Joaquín? ¿Por qué te ríes?

—Nada, que tenemos un señor en Urgencias con una astilla de madera en el culo.

—¿Cómo?

—Si, en el canal anal, ya ves, un señor de 77 años…

A cuento de lo anterior, el mismo Joaquín me contó otro caso que le pasó en otro hospital: llega un chico joven a Urgencias, pálido, con mala cara, le hacen pasar a una salita, el chaval no dice ni mu, entra la enfermera, no dice ni mu; entra uno de los médicos, y no dice ni mu… Por fin, le coge el bolígrafo y un papel a la enfermera y escribe: «Tengo una berenjena en el culo». La (des)gracia es que tuvieron que llevarlo a quirófano para sacar la puñetera berenjena pues se había quedado impactada en el canal anal.

Aquí también pasó eso con no sé qué objeto que tuvieron que sacarle a un hombre en quirófano, y llegó la casi-mujer (la boda era inminente) y se oyeron sus gritos resonando por los pasillos: «¡Malnacido, depravado!».

El año pasado tuvimos en la UVI a un tío que después de sus primeras diez lecciones para montar a caballo le dio por intentar domar a uno…

Otro que recuerdo ahora: más o menos las dos o tres de la mañana, vienen un chaval de unos 15 años, y su padre de acompañante.

—¿Qué le pasa? —le pregunto.

—¿Aparte de que es gilipollas? —responde el padre.

—Pues sí, aparte, porque eso no lo puedo yo poner aquí como motivo de consulta.

Al chico le asomaba por una de las fosas nasales algo de metal. El padre me cuenta un jueguecito del chico y sus colegas: cogían una esclava o una cadenita de metal, se metían un extremo por la nariz y lo dejaban caer hasta la garganta, hasta que lo podían sacar por la boca. Es decir, un extremo asomaba por la nariz y el otro por la boca: los juntaban, los abrochaban y se ponían a darle vueltas. Fíjate tú qué juerga tenían, ¿eh? Hasta que, claro, a éste hubo un momento que se le enganchó y ni para delante ni para atrás. La placa era curiosa: en la lateral se veía todo perfectamente, con sus eslaboncitos. Se fue a casa el chico con una buena epistaxis (hemorragia con origen en las fosas nasales) después de que el otorrino se la sacara.

Ésta fue antológica: una noche cualquiera, a un señor filipino le dio por desangrarse hasta morir (literalmente). Estábamos mi coleguillas malagueño y yo reventados de intentar mantenerlo vivo y una chiquilla llega y nos ofrece:

—¿Necesitáis ayuda?

—¡¡Sí!!

—Vale, os ayudo.

¡Y se pone a limpiar la sangre! Luego que hay que priorizar…

Pues en mi servicio nos entró una que acabó por morirse porque se había *pimplao* un vaso con un producto con amoníaco para limpiar el cuarto de baño en la mitad de una discusión en la comunidad de vecinos (eso sí, después de bebérselo se tomó un vasito de leche porque le comentaron que así no le pasaba nada). Y lo peor es que la pobre mujer cuando llegó a Urgencias confesó que lo había hecho para llamar la atención...

También en Urgencias entró un muchacho que ganó la primera edición del Gran Hermano portugués. Venía con dos gatos (de los animales, no del coche) en los brazos diciendo que eran bombas y que iba a hacer volar el hospital.

Una mujer llegó con una reacción alérgica impresionante en sus partes bajas porque como se había pintado el pelo de la cabeza de morado y le había quedado tan bonito, pues pensó que en el otro lado también le iba a quedar de lujo...

Una vez a una mujer le dimos el alta con SNG (sonda nasogástrica), explicándole previamente al hijo cómo tenía que administrarle la medicación por la sonda, y se fue para su casa. Nos volvió a los cuatro días porque el hijo le machacaba toda la medicación que le tenia que dar al día (que no era poca) y se la metía toda por la mañana porque según él no tenía paciencia para dársela poco a poco. Y barbaridades de esas, mil: una vez vino uno todo asustado a las cuatro de la mañana porque tenía rojo un lado de la cara... Y lo que tenía el hijopuchi era la marca de la almohada. Qué arte.

Cuenta un enfermero que apareció en Urgencias un hombre todo asustado y fue diagnosticado con caspa...

—A ver, me intriga eso de la caspa —interviene un colega del foro—: Por más que le doy vueltas, por más que lo mire arriba y abajo. ¿Dónde leches le dolía al tío? ¿O es que la caspa pesaba medio kilo cada una? Explícamelo.

—No —responde el primero—: ¡El tío pensaba que se le caía la cabeza a trozos! El hombre fue paciente de una amiga que trabajaba en Urgencias, y al parecer, acudió diciendo que se le caía la piel a trozos, de la cabeza, no de ningún otro sitio.

Una muy preocupante: Mujer extranjera de mediana edad que aparece en Urgencias contando que hace unos días había empezado a menstruar (no lo dijo así, claro...) y como no tenía compresas pues qué mejor idea que meterse un trozo de esponja: imaginaos el olor y todo lo demás que salió de ahí... Sapos y gamusinos...

Pero aún hay más, en este caso del Samur: en la sala de agudos de Urgencias nos avisan de que han traído a una mujer con ELA (esclerosis) por no sé qué problema (no viene al caso), y a la familiar con un chichón en la cabeza. ¿Diagnóstico? Pues que al bajarse de la ambulancia no echaron freno de mano y, al haber rampa, la ambulancia cedió cayéndose la familiar y dándose un mamporro de tres pares. Reclamación y reconstrucción de parte del muro de rampa.

Tercera burrada: resulta que había otra paciente en la sala de agudos que tenían que trasladar, llegaron los del Samur y, por equivocación, se llevaron a la señora de al lado. Llegaron a su destino y se dieron cuenta de que no era ésa la señora. Cuando la trajeron de vuelta, la pobre mujer les explicaba a sus familiares que se la habían llevado unos señores. Final: la familia pensó que se le había ido la olla porque del personal nadie abrió la boca...

Acude a Ginecología una chica retorciéndose de dolor «ahí abajo» (¿por qué no lo llaman *vagina*?), la subimos en la mesa, le metemos el espéculo y, *¡tachán!,* aparece toda con cortes, sangrando y empezamos a sacar trozos de papel... Albal. sí, sí, de aluminio... Resulta que a ella y al novio les había entrado el calentón y, como no tenían condón, pues el tío se forró el pene con Albal... Teníais que ver cuando le vimos el pito al tío qué horror y la gine aconsejándole:

—Pues, hijo, te coges la bolsa de plástico del Carrefour...

Yo me moría, no sabía si reír o llorar.

Mi paciente de hoy se puso no sé qué rollo de banda de goma en el pene y se fue a dormir con ella. Cuando se despertó no se la podía quitar y tenía el miembro de un color morado no muy saludable. Así que se ha venido a Urgencias y le han tenido que reparar el pito y cortar la gomita de la verga, nunca mejor dicho. Una operación sin importancia, pero por alguna razón la sedición consciente lo dejó inconsciente y ha acabado en Cuidados Intensivos con una acidosis respiratoria... Además es la leche, es de un supersanote que no toma drogas ni alcohol ni nada (sólo hace experimentos con gomitas), así que le das un pelín de morfina para que no le duela el pito, nada, medio miligramo de nada, y lo dejas patas arriba...

Osteonecrosis (necrosis ósea, falta de oxígeno en el hueso), 32 años, transplante de pulmón el año pasado... Pues leo en la historia que el coleguilla fuma cannabis. Total, como sus pulmones son nuevecitos, se debe de creer que están aún en garantía o algo... Hay que fastidiarse.

Esto que os voy a relatar aún no me lo creo ni yo misma... Me lo estoy tragando desde el momento en que me lo contaron porque no puede imaginarme ni la situación. Una pareja que no viene al caso, se casa y quería tener hijos pero nada, la cosa no iba bien, aquello no progresa... Un día, ella queda con mi amiga y le cuenta que lo están intentando pero que a ella le resulta el coito tan doloroso que es un sufrimiento horrible cada vez que él le propone el asunto. Mi amiga, extrañada, le pregunta:

—Pero ¿qué me dices? ¿doloroso?... Eso no puede ser doloroso, algo va mal con tus genitales... Deberías de ir al ginecólogo.

En fin, la chica va a ginecólogo y le exponen el problema que tienen, ella y el marido. El ginecólogo le pide que pase a la camilla que le va a hacer una exploración. Hasta aquí bien. El gine la mira y levanta la cabeza espantado de lo que ve... Entonces le pregunta al marido y a ella cómo realizan el coito. Y el marido pasa a relatarlo. Para abreviar: realizaban el coito a través del orificio del meato o intentando penetrar por clítoris. Ella tenía «aquello» con una inflamación desbocada, el orificio completamente hinchado, el clítoris... ¡ni tocarlo, por favor!... Todo completamente enrojecido. Los bordes del orificio parecían los labios de Carmen de Mairena y el ginecólogo no tuvo palabras... Bien, diagnosticado el problema, les mandó reposo absoluto de relaciones sexuales hasta que aquello volviese a la normalidad, les explico cómo se hacía el coito y por dónde había que introducir el pene... Y hoy ya tienen varios hijos. ¡Alabado sea el Señor! Realmente, creí que el instinto era suficiente para encontrar el camino para tal asunto, pero ya se ve que no (aparte, claro está, de la incultura sexual que esto demuestra).

Esta mañana viene una señora de unos 60 años, que se había caído al ir a tirar la basura y se había dado en el costado. Nos dice que no dio importancia a la caída y que en su casa se había dado un poco de «María-chocotones» y no se le había quitado… Mi compañera y yo nos miramos y miramos. *¿Ein?* La acompañante aclara:

—Thrombocid, lo que pasa es que lo llamamos así porque se lo damos al nene en la frente cuando se da chocotones.

Ah, bueno, siendo la cosa así. ¡Así es mi tierra!

Es normal que te cambien el nombre de las pastillas o de las pomadas que usan, como también cuando preguntas qué medicación toman y te dicen:

—Por la mañana dos blancas, a mediodía una roja y por la noche la amarilla, que la tomo un día sí y otro no.

Y hoy… Una familia toda indignada porque cómo podía ser posible que en esa habitación hubiera sólo un sillón de dos cuerpos y una silla para las visitas. A mí me ha tocado decirles que en todas las habitaciones es igual, que el paciente es una persona enferma, y que para la cantidad de visitas que puede recibir alcanza y sobra con esos asientos. Y entonces salta una y me espeta que no le parecía bien, porque la habitación es muy amplia, y queda fea con tan poco mobiliario. Le explico que la amplitud de la habitación es terapéutica, que el paciente necesita ese espacio para movilizarse en la habitación y empezar su recuperación, pero parece que mi argumento no la convenció porque se quedó toda ofendida. El paciente va a quirófano, las tres señoras se quedan en la habitación (el lugar es suficiente para tres), y al rato, cuando vuelvo para dejar el pie de sueros y otros materiales para cuando el paciente regrese, me encuentro a una durmiendo en el sillón, a la otra en la silla y ¡a la tercera tirada como una vaca en la cama del paciente! Fue demasiado. Dejé las cosas y cerré la puerta porque de lo contrario iba a tirar a alguna por la ventana.

A la secretaria de la planta en la que estoy no se le ha ocurrido otra cosa que hacer un agujero en la bolsa en la que pone Biohazard —que significa «peligro biológico»—, y colgarla en un sitio donde yo pudiese verla para que no se me olvidase... Estamos hablando de la bolsita en la que metes la sangre, orina, esputo, trocitos de persona, etcétera, para mandarla al laboratorio. Y hombre, estaba vacía, sólo con el tubito y el papel de lo que tenía que mandar, pero aun así... Esa bolsa no se puede usar y si encima no me doy cuenta la mando con el agujerito.

Ayer me llega la familiar de un paciente y me pregunta:

—Perdona, ¿por qué mi marido tiene una bolsa de sangre colgada?

—El paciente necesitaba una unidad de sangre —le explico.

—Pero, ¿la sangre no se le mete por la vena?

Y yo le respondo que sí. Ante lo cual ella empieza a gritar histérica:

—¡Venga aquí, venga aquí, que esto no está bien!

Voy, pensando que el catéter central que tenía en la femoral se lo había arrancado y estaba toda la cama llena de sangre o yo qué sé, y llegamos corriendo al cuarto con la esposa ya en crisis de ansiedad y me dice:

—¡Mira, mira, se la estáis metiendo por la pierna!

... Como si la pierna no tuviera venas. Yo me quedé que no sabía si reírme o qué hacer, se lo expliqué pero la mujer no se quedó muy convencida porque se pasó toda la visita mirando la unidad de sangre y, alternativamente, al marido para ver si no se moría...

Ayer estuve de guardia, y fue una noche caótica... pero no faltó el puntillo del turno cuando vino una señora con la mano más hinchada que un guante de béisbol, los anillos (la típica señora que lleva dos anillos en cada dedo, incluyendo el pulgar...) a punto de reventar porque los dedos parecían morcillas. Le había picado un pez en el mar cuando intentaba cogerlo, le había clavado cuatro púas, según ella. Mientras miraba si tenía restos de los aguijones en las heridas, no veáis qué pestazo a pez tuve que sufrir. Y le suelto a la señora:

—Jolín, pues sí que huele sí, ni que estuviéramos en la pescadería, y eso que ha tenido la mano en remojo un buen rato, ¡eh!

La sorpresa fue máxima:

—No, si lo que huele es el pez muerto, que lo llevo en el bolsillo.

—¡No! —digo yo toda incrédula. Y me corrobora:

—Que sí, que sí, mira.

Me sacó un cacho pez asqueroso todo muerto, asfixiado, medio desangrado y aplastado de llevarlo la señora en el bolsillo de los pantalones vaqueros.

—Pero señora, ¡a ver si le va a picar en el culo!

La risa de la noche; el resto no fue tan bonito...

Yo de prácticas vi hacer curas domiciliarias con vinagre. Aunque para caseros, los rumanos: una vez nos reingresaron a gemelos prematuros porque, al parecer, no comían bien y los padres les ponían vinagre en la nariz para estimular la succión... Hasta que aspiraron el vinagre, pobretes. Por otro lado, algunos negros ponen en la frente del bebé un cacho de perejil para que expulse bien los gases (ya ves, y nosotros con palmaditas tontas...). Los sudamericanos cuando se hacen heridas vienen con un huevo crudo sobre ellas, ¿cuál será el misterio? Si alguien lo sabe que me lo explique. Los españoles, cuando se queman, vienen con pasta de dientes, vino o vinagre... Que alguien me lo explique también...

A ver, antiguamente se ponía clara de huevo sobre heridas y quemaduras por su gran contenido en colágeno, la clara forma una película protectora y favorece la cicatrización. De hecho, muchas abuelas me han contado que se hacían mascarillas para la cara con clara de huevo batida. Algo debe de tener, ¿no? Hay un *powerpoint* rulando por Internet sobre los beneficios de la clara de huevo en quemaduras... En cualquier caso, siempre será mejor que la que me vino el otro día con sal y vinagre, porque se lo había recomendado la vecina... El vinagre, si no me falla la memoria, es ácido acético, efectivo contra las pseudomonas, que son una de las infecciones más frecuentes en quemaduras... Lo del vinagre me lo ponía mi madre de pequeño cuando me quemaba con el sol porque, según ella «sacaba el calor» y me aliviaba... Luego ya apareció el After Sun. Pero lo de la sal, no sé a qué viene... Le faltaba el aceite y así hubiera hecho una rica ensalada de carne. La explicación puede ser que la sal lleva cloro, que es un buen desinfectante, así que algo hará.

Lo de «si escuece, es que cura» también lo dicen mis «viejetes» del pueblo donde curro, pero como son brutos a más no poder vienen a curarse cuando tienen el pie gangrenado, un dedo colgando...

—Si total, no es nada —me dicen—, pero vengo para que le eches un ojo porque *paece* que *tie* un color raro; pero doler, no me duele.

Claro, si ya está muerto cómo va a doler...

Siguiendo con los condimentos, me vino un abuelete con todo el dedo pulgar lleno de pimentón, porque se había cortado en el dedo y eso «cortaba la hemorragia». No sé si sería verdad, pero entre el pimentón y la sangre se hizo aquello una pasta tan asquerosa, que estuve más tiempo quitándola que suturándole...

Ésta es la última que me ha pasado: una señora musulmana se presenta a la una y media de la noche diciendo que está de parto, y ¡había roto aguas a las cuatro de la tarde!

A una amiga le apareció una señora con un bulto en la frente:

—Qué lunar más grande que me ha salido, fíjate tú... En nada de tiempo, a ver si va a ser canceroso de esos *medanomas* que se oyen con el *aujero* de ozono y la grasa *tangénica*...

Era una garrapata.

Y garrapatas debe de haber en muchos casos, como el de otro señor de 50 años que viene por una picadura (con bicho incorporado) a las 4:30 horas. Nada más entrar, saluda:

—Hola, buenos días.

—¿Días? Será noches.

—Días para mí.

—Pues noches para mí.

—¿Y qué tal lleváis la noche? ¿Bien? ¿Podéis dormir?

— ¿Tú qué crees?

—Yo ya no puedo dormir. Me pica todo...

Dios, cómo abría las patas al quemarla.... *¡puag!* Me recuerda a los moluscos que tuvo que curar una que yo me sé.

Antes de irme de Urgencias esta noche he admitido a un culturista que, como estaba muy estresado, le ha dado por tomarse seis pildoritas llamadas «bala amarilla». 300 miligramos de cafeína cada una (el Red Bull, por comparar, tienen 80 miligramos). Debe de estar más tranquilo ahora, el muy colgado. La novia dice que tenía convulsiones como si fuera un epiléptico, sólo que consciente y hablando…

Se acercan al centro de salud un hombre de unos 40 años y su padre de unos 68 aproximadamente y nos dicen que han visto un accidente de coche. Está en la cuneta de una carretera a cinco kilómetros de Urgencias. Cargamos todo el material y salimos pitando… Llegamos y nos encontramos un coche sin cristales, sin ruedas, sin volante, sin asiento, sin motor, sin nada… ¡Sólo la chapa! Cuando sale un abuelito del chalet de al lado y nos inquiere:

—¿Qué accidente? ¡Pero si este coche es mío, de cuando era joven, que lo guardo aquí en mi parcela para que los nietos jueguen al escondite!

*Un forero le pregunta si miraron en el maletero a ver si estaba la abuela, a lo que el enfermero implicado contesta*: Nosotros no, pero la Guardia Civil sí, porque se me ha olvidado un pequeño detalle: allí nos juntamos con la Guardia Civil, la UVI móvil, la Cruz Roja y el helicóptero del 112. Se ve que corrió el rumor de lo bien que nos lo pasábamos jugando al escondite y les dio envidia y quisieron venir también…

Esto me recuerda al día que vino un chico joven que trabajaba en la construcción, por una herida bastante profunda en la mano, y que sus compañeros de trabajo le echaron yeso porque decían que con eso se cortaba la hemorragia. Claro, debieron de pensar: «Si es bueno para las grietas, por qué no va a serlo para los cortes…». La broma le costó pasarlo tremendamente mal pues no había forma de quitar el yeso de la herida, y el médico decía que no suturaba hasta que eso no se quedara limpio. Pobre, ¡les llamó de todo a sus compañeros!

Hoy viene el jefe de los médicos de mi planta y trae todo ilusionado un póster plastificado con las «nuevas» normativas para administrar quimioterapias. Vamos, era todo lo que ya hacíamos, pero al hombre se le ocurre resaltar (porque nos dio todo un sermón) la introducción de los «cinco correctos» antes de administrar la medicación.

—Eso siempre se hace —le apunto yo.

—Bueno —responde—, pero ahora tienen que hacerlo en un momento específico: antes de ir a pasar la quimio.

Nosotras nos quedamos mirando, porque en verdad pensábamos que el buen hombre nos estaba tomando el pelo, pero no. ¡No puede ser! Como señaló una compañera mía:

—¿Qué se piensa?, ¿que hasta ahora hacemos una ruleta y según el número que toque vamos a cualquier habitación a hacerle una quimio?

Una señora que se ha metido entre pecho y espalda media botella de Duphalac antiestreñimiento en cinco días y dice que no tiene diarreas por eso, que son invenciones nuestras. Pero lo cierto es que echaba el Duphalac en una taza de desayuno.

Hoy me he encontrado en el trabajo a un arquitecto, para más inri, el arquitecto que está llevando a cabo la reforma de mi centro de salud, la cual debería estar lista en los próximos meses, cuando comenzarán a reformar también las Urgencias… Pues bien, en la reunión con el coordinador médico y de enfermería cuestiona:

—¿Para qué queréis camillas en las consultas de enfermería? Con una camilla para las curas sobra, ¿no?

Os informo que es un centro de salud con 22.000 tarjetas sanitarias.

—¿Es que vosotros recibís pacientes?

No, en serio, ¿la gente sabe dónde vive y tiene idea de lo que le rodea?

Un colega del foro ironiza: claro, y aún pretenderás tener silla para sentarte y todo. Si total, tienes que estar de pie todo el día pinchando culos, anda que… ¡cómo está el patio! Por lo menos tenéis reuniones con el arquitecto, lo normal es que no pregunten. Por eso en mi centro de salud al inicio teníamos escaleras para acceder a Urgencias, así que ni las camillas de la ambulancia entraban. Y luego les dan premios…

Esto sí que es surrealista total… Acude un niño de 12 años, con quemaduras en el glúteo porque su «novia» le ha puesto «un petardo en el culo» (palabras textuales). Hay amores que matan.

No sé si sabréis que hoy ha habido un fuerte caos en Barcelona y más de la mitad de la ciudad se ha quedado sin luz. Por «suerte» (nosotros en la Mutua sí teníamos luz y como el resto de las delegaciones de la Mutua estaban sin luz, pues todos los pacientes para nosotros. A eso de las dos de la tarde se presenta un paciente que tuvimos el viernes con heridas varias por abrasión en un accidente de moto. Hicimos las curas pertinentes y al no estar nosotros el fin de semana le dimos una autorización para ir al hospital a curarse. Pues bien, justo hoy ha entrado gritando, con malas maneras, deseándonos la muerte a mí y al médico, dudando de nuestra profesionalidad (vamos, lo mejor para una larga jornada de lunes). Que en el hospital lo pasó fatal, porque nosotros no supimos hacerle las curas. La historia es mucho más larga y aún me quedan más días para curarle, por supuesto... En conclusión: que no soporto a la gente que se cree que sabe de todo y con el derecho de faltar al respeto a un equipo de salud sin motivo alguno.

Hoy una compañera le ha puesto a una mamá hielo local en la zona de la vulva, le ha puesto la compresa y después un suero helado sin cubrir con nada, ni con una compresa ni nada de nada. La mujer ha llamado al timbre protestando porque le molestaba. La pobre llorando sin poder cerrar las piernas y preguntándome:

—¿Por qué me dolerá ahí, si no tengo los puntos?

Y lo más fuerte es que mi compañera va de que todo lo sabe ella. He cogido unas compresas mojadas y se las he puesto, no sabía qué más hacer... ¿Es que esta chica no se ha comido un polo nunca? Que se lo coma directamente del congelador a ver si se le pega la lengua, pobre señora, se le quedaría el chichi congelado, ¿a quién se le ocurre?

El domingo vino una joven que tenía hongos en la vagina, le pautamos unos óvulos vaginales... Ha venido hace un rato diciendo que esos supositorios tan gordos no le han aliviado nada, que le pica más y que le demos algo más fuerte... Para partirse. Utilizó los óvulos como supositorios, y no será porque no le dijimos bien claro que se usaban por vagina, como un Tampax. Pobrecita, me ha dado pena y todo.

Una compañera, quería el sábado tomarle la tensión arterial (TA) a una señora que había fallecido el miércoles y le informo:

—Pero si esa señora fue exitus el miércoles a las nueve de la noche.

—¡Qué va! Imposible, no hay nada escrito en el cambio del miércoles —me dice.

—Cómo no va a haber nada escrito, si escribí yo el cambio y encima lo subrayé con rotulador fosforito —insisto.

—Bueno, voy a ver, eh, pero va a haber que ir a tomarle la TA porque no ha sido exitus.

Será cabezona y desconfiada la tía… Claro que estaba escrito. Se excusó:

—Ay, ¡pues no lo vi!

Entra una señora en consulta y me pregunta:

—¿Usted está aquí?

¿Yo qué le contesto a ésta?, ¿acaso seré un fantasma?

*Un compañero del foro le sugiere:* Haberle dicho «no». Es lo que yo digo siempre cuando en casa dan esas muestras de perspicacia… «Ah, ¿ya has llegado?».

Trabajando en un servicio de extracciones, había que sacarle sangre a una señora para ver los niveles en sangre de carbamazepina (cuyo nombre comercial es Tegretol). Pues bien, le pregunto:

—Señora, ¿qué dosis toma usted de la medicación?

—Tomo todos los días una pastilla de Tigretón… —me responde.

¡Le tenía que haber preguntado si el laboratorio que lo fabrica se llama Bimbo!

1. Anoche estuve de guardia.

2. 2:23 de la madrugada.
3. Chaval rumano rascándose el brazo y el dorso de la mano.
4. Pregunta: «¿Qué ocurre?».
5. Respuesta: «Me han picado mosquitos y me pica, y me he venido a Urgencias».
6. ...................... (Este punto es para que lo completéis vosotros.)

Resulta que me llaman el domingo de una residencia de mayores para pedir que me acerque a hacer una cura. Les digo que no, que eso es algo del enfermero de su residencia y que yo estoy para urgencias. Pero insisten, porque si es una herida que nos da miedo tocar, que si pitos, que si flautas… Vale, voy. Total, que me presento en el pueblo, y me dicen:

—¡Éste es el hombre, cúrale!

—Vale, le curo en la enfermería, que en medio de un pasillo no lo veo correcto.

Le llevamos a la enfermería y le pido suero para lavar, gasas, venda… Y empieza:

—Sólo te puedo dar gasas y venda, suero no tenemos.

—¿Cómo no vais a tener suero? Busca bien.

Y la otra venga a buscar…

—Que no, que no tenemos.

Respiré hondo y dije:

—Espera, que voy al coche a por uno.

En fin, llevé el mío, pero necesitaba una aguja para poder sacarlo y… tampoco tienen agujas. Ya sí me cuadré y dije que eso no podía ser. Pero bueno, curé la herida. Luego me dieron de leches en mi centro por hacer eso.

*Le preguntan sus colegas del foro qué hacía la enfermera mientras él curaba:* Enfermera no había. Llevaban tres días sin enfermera porque la directora de la residencia dio vacaciones a la que tienen, y dijo que, para un mes, no hacía falta buscar a otra.

Paciente de 17 años que viene al centro de salud a las 16:30 horas con su madre toda agobiada porque al «niño» esta mañana le ha dado un tirón en los gemelos —«Hija, se le ha subido la bola»— y ahora tiene cierta molestia…

Chica de 18 años, que viene a las cinco de la tarde por ligera molestia en el oído desde hace dos días, y «ya que me pillaba de paso el centro de salud… nos hemos venido».

Señora que viene esta mañana toda mareada, que se ha caído en misa, y que me dice la gente programada que estaba esperando a que les pinchara que le van hacer el favor de dejarla pasar. Ahí nos cuadramos e impusimos:

—No, esta señora pasa, lo diga usted o no.

Y una de última hora: chica de 25 años que se ha cortado en la yema del dedo. La miro y pregunto:

—¿En qué zona?
Me señala y lo he medido, por gusto: un milímetro.

Ayer un paciente de la planta nos robó un bote de alcohol… Del alcohol de 90º de curar, y se lo atizó con Coca-Cola. Luego le descubrimos otro bote en la ropa y al parecer la colonia del compañero también, que además es de estas de *chuf chuf*…

Oye —*interviene otro del foro*—, que yo tenía un paciente que se zampaba los botes de alcohol de las manos y hasta las toallitas esterilizantes las chupaba como si fuesen polos. Y un médico peruano nos contaba que allí en Lima tenían multitud de intoxicaciones por anticongelante de los coches que, si no me equivoco, es metanol. Lo interesante es que la cura se hace con infusión intravenosa de alcohol de 90º para limpiar la sangre del metanol… Pues no sé si eran rusos o polacos los que, como la Policía les llevaba a la cárcel si se caían al suelo borrachos, se ataban a las farolas y se quedaban inconscientes allí colgados…

Hoy una familiar ha pegado a una compañera mía, así sin más, porque se le ha ido la pinza a la muy loca… Y la ha denunciado, claro. Hay que denunciar. La agresión verbal o física al personal sanitario es considerada como un delito de desacato o atentado a funcionario público y se contemplan penas que van desde multas y arrestos de fin de semana a penas de prisión de hasta dos años para los casos más graves o para reincidentes. Hay ya algunas sentencias al respecto que sientan jurisprudencia. Por nuestra dignidad como personas y como trabajadores, ¡ninguna agresión sin respuesta!

Servicio de Urgencias, última hora del turno de mañana. La cosa parecía tranquila y enfermeras y auxiliares estábamos en el control de enfermería terminando de escribir las incidencias cuando, de pronto, escuchamos unos gritos por el pasillo:

—¡Socorro, socorro!

Como es lógico y dado que en Urgencias puede pasar de todo, salimos despavoridas por el pasillo para ver qué pasaba y nos encontramos con un hombre en el pasillo con cara de despistado.

Todas asustadas, preguntamos:

—¿Qué ha pasado?

—Nada —responde el hombre—, sólo buscaba a mi mujer, que se llama Socorro.

Una señora acude al centro de salud a las cuatro de la tarde. Según entra, nos dice que tiene un dolor de cabeza, que le coge un ojo y que lleva así ¡desde hace quince días!

—Y mire, puede que sea de la tensión arterial, porque anoche me la tomé en mi casa y tenía… 120/60 mm hg y vengo para que me la tomen aquí, a ver qué tengo —en fin, sigue hablando la mujer y nos confiesa—: Miren ustedes, he venido por la tensión, pero a mí no me gusta molestar los sábados a los médicos.

¿Y el resto de los días?

Un señor llega al centro de salud a las doce y media de la noche para quitarse unos puntos porque le pillaba de paso y así no tenía que venir otro .

Otro que acude al centro sobre las cinco porque lleva sin orinar desde el jueves por la tarde que le quitaron la sonda vesical. No os quiero contar qué estado de ansiedad tenía, y claro, imposible sondarle, no había forma. Y la mujer insistía en que pidiéramos una ambulancia para no tener que cambiar el coche de sitio…

Otro de un señor que acude por la mañana porque tiene problemas de gases.

—¿Qué comió ayer? —le pregunto y responde tan ancho:

—Un buen plato de lentejas.

—Es que la legumbre es flatulenta.

Y me suelta:

—Entonces, ¿qué quiere que coma? —como no respondo, él me comenta—: Además, desde que dejé el tabaco mire cómo me he hinchado de gases.

Y ya no he podido más:

—No, señor, eso no es hinchamiento de gases, ¡eso es que está usted gordo!

Chica joven que viene al centro porque la semana pasada le dijeron que tenía que operar a su hija de 7 años de vegetaciones.

—Es que no quiero operarla por miedo a la anestesia —nos dice.

—Mujer, no suele pasar nada…

Y grita toda cabreada:

—¡Si vosotros me aseguráis que mi hija no se muere en el quirófano, dejo que la operen! —obviamente, nosotros no podemos asegurar nada, y ella sigue—: ¡Es que fijo que mi hija es la que se muere en el quirófano!

Anoche llaman a las once de una residencia de mayores porque se le había roto la conexión que va desde la bombona de oxígeno hasta el paciente. Y ahí tenéis a la tonta esta cogiendo el coche y yendo allí, todo para terminar de moza de mantenimiento y pegar las conexiones con esparadrapo para que aguantara la noche entera…

Chico que viene sobre las 16:30 horas la semana pasada… y que nada más entrar, se autodiagnostica:

—Estoy con la gastroenteritis esa que tiene toda mi familia... Pero yo ni vomito, ni tengo diarrea.

—Entonces ¿qué te notas?...

—Nada, así como un poco de cansancio, pero nada más.

Ring ring ring...

—Urgencias, dígame.

—¿Es el centro de salud?

—Sí, señora, ¿qué quería?

—Pero, ¿es el centro de salud de X?

—¡Que sí!

—Mire, yo le llamaba por una señora que ha ido esta mañana allí a curarse porque se ha cortado una pierna.

—¿Como?

—Sí, una señora mayor que se ha cortado una pierna esta mañana y que le ha curado una chica.

—A ver... ¿Una señora que se ha hecho una heridita con el asa de un cubo?

—Sí, sí, ésa, ésa.

—Vale, pues dígame.

—Pues mira, que ahora está sangrando mucho por la herida y como toma Sintrom...

—No pasa nada, la traen ustedes otra vez, y le vuelvo a curar.

—Ya, pero es que no tenemos coche y tenéis que venir aquí.

—¿Cómo? ¿Algún vecino? ¿Un familiar?

—No, no... Nadie, y mire, se está desangrando por la pierna...

—Vale, dígame la dirección —y la mujer me da todos los datos. Sigo—: ¿Un teléfono?

—¡¡Mariiiiiiii!! —grita la señora—, ¿cuál es el teléfono de la tía María? ¿Cómo que no te lo sabes? ¡Tía Maríaaaaaaaaa! ¿Cuál es su teléfono? ¡Pues míralo en la agenda Mari!

—A ver señora, deme su móvil y ya está.

—Vale, espera, que voy al coche a por el bolso que tengo ahí el móvil y ahora te lo digo…

Conclusión: cuando llego, la sangre de la tía María sólo había mojado la gasa superficialmente.

Este mediodía, un señor viene con un ligero dolor en el pecho, se hace un electrocardiograma y le diagnostican un infarto… El médico informa a su mujer:

—Señora, su marido lo que tiene es un infarto.

A lo que la mujer responde:

—Aparte de eso, ¿está grave?

Anécdota real en primero de Enfermería: el profesor de Anatomía habla de la jaula torácica, y empieza a describir el esternón; en un momento dado, comenta que el mismo se sierra para acceder al corazón en una cirugía abierta, y en ese momento, una alumna interviene:

—¿Y luego qué hacen con él?

El profesor la mira y le pregunta:

—¿Tú qué haces cuando se te cae el botón de una camisa?

—Lo tiro —responde la otra sin pensar.

La anécdota hubiera sido completa si el profesor hubiera respondido: «Exacto, nosotros también tiramos luego el esternón», pero lo cierto es que le faltó agilidad.

*En estos foros sale a colación que los premios Darwin son otorgados a título póstumo a los imbéciles que mejoran la especie humana liquidándose a sí mismos de las formas más ilógicas. Se basan en el axioma de Einstein de que lo único que no tiene límites es la estupidez humana, junto con los postulados de Darwin de que para mejorar la especie sólo sobreviven los más fuertes mediante un proceso de autoselección, así que esta gente se selecciona a sí misma como «no apta» para la evolución y se quitan de en medio ellos solos... Para darle un buen repaso, se recomienda consultar la web, en inglés —www.darwinawards.com—, aunque aquí se extraen y traducen de ella algunos ejemplos que vienen al caso:*

El abogado que está enseñando las nuevas oficinas en un rascacielos:

—Estos cristales son irrompibles.

Y para demostrarlo carga con todas sus fuerzas contra la ventana. El cristal no se rompió pero la ventana cedió en el marco y el hombre se cayó con ella desde el piso sesenta.

Mi favorito es el de dos polacos que juegan a ver quién tiene más narices.

—A que no tienes narices a cortarme la pierna —reta uno.

No, qué va: dicho y hecho...

El único que ha recibido un premio Darwin en vida ha sido un hombre que se quiso hacer una foto con un cangrejo gigante y el molusco optó sólo por extirparle tenazmente cualquier posibilidad de procrear...

El premio Darwin 2006 lo ganó el inglés Phillip, 60 años, que fue ingresado en el hospital por alguna enfermedad de la piel que se debía tratar con una crema de base parafina. Ignorando conscientemente la expresa orden de no fumar mientras estuviese en tratamiento, decidió esconderse en el único lugar del hospital donde no hubiese detector de humos: la escalera de incendios. Resultó en una cremación anticipada cuando su ropa y piel impregnadas de parafina decidieron arder al no ocurrírsele nada mejor que apagar la colilla de su cigarro con el talón de su zapatilla...

En Italia, un ex portero de 23 años intentó engañar a su aseguradora proponiéndole a su primo que le serrara la pierna con una sierra eléctrica con el fin de conseguir la invalidez permanente, que le procuraría un millón de dólares de indemnización. El joven confiaba en sus conocimientos de primeros auxilios para sobrevivir, pero el destino quiso que su primo se pasara de rosca y le segara la arteria principal, con lo cual, cuando los servicios de emergencia acudieron a la llamada del propio agonizante, éste yacía en un charco de su sangre. El primo fue a la cárcel por homicidio.

Por el mismo motivo —estafar a su seguro del hogar—, Musa y su hijo Essa contrataron a un pirómano para que incendiara la bocadillería de debajo de su casa a cambio de unos sesenta mil dólares por un año de trabajo. Lo intentó tres veces sin ningún éxito con un cóctel molotov, rociando sillas con gasolina y prendiéndoles fuego después... Los vecinos llegaron a creer que se trataba de un crimen racista contra los inmigrantes jordanos en Ohio, hasta que Musa se cansó de tirar su dinero y para el cuarto intento decidieron echarle un cable a su mercenario: esparcieron gasolina por todo el local, de manera que una simple cerilla hiciera el resto, pero, trágicamente, al parecer tenían más talento que el supuesto profesional, porque hicieron un paréntesis para fumarse un pitillo y a la primera calada hubo tal explosión de gas que el muro se desplomó sobre ellos y acabaron con quemaduras en el 80% de sus cuerpos. El pirómano *amateur* no pasó a mejor vida sino a prisión, por una década.

En Florida dos residentes de 23 años, Molly y su marido, habían alquilado una habitación en un motel local probablemente para realizar alguna actividad concerniente a la perpetuación de la especie. Según Molly entró en la habitación del segundo piso, fue directa al balcón que daba a un patio de cemento. La mayoría de los huéspedes habrían visto la barandilla como una protección para no caerse, pero a Molly debió de recordarle sus habilidades gimnásticas de la infancia. Llamó a su marido:

—¡Mira lo que todavía puedo hacer!

Fueron sus últimas palabras. Dio un salto sobre la barandilla para impulsarse, como solía hacer, cayó al otro lado, golpeando directamente en el patio situado cinco metros más abajo. Cuando llegó al hospital ya estaba muerta.

En Inglaterra, Geoff les dijo a sus colegas mientras estaban viendo un partido de rugby entre el Gales y su mayor rival, Inglaterra:

—Si Gales gana, me corto los huevos.

Sus amigos pensaron que su amigo de 26 años estaba bromeado pero tras la victoria 11 a 9 sobre Inglaterra, Geoff se fue a casa, se castró y anduvo el camino de vuelta hasta el bar para mostrar a sus amigos la evidencia. Era la primera victoria en casa del Gales frente al Inglaterra en doce años. Fue trasladado al hospital donde permaneció en graves condiciones durante un tiempo.

Ésta podría perfectamente aspirar al Darwin 2007 pero en realidad fue publicada en cantidad de medios de comunicación a todo trapo: un artista enano, conocido por sus espectáculos excéntricos, fue hospitalizado de urgencia después de introducir su pene en una aspiradora, de la que no era posible extraer el miembro viril a causa de una mala maniobra. El incidente se produjo mientras Daniel Blackner, apodado «Capitán Dan, el enano demoníaco», del Circo del Horror, preparaba un espectáculo en el que debía atravesar el escenario con su pene dentro de un tubo de aspiradora, según la agencia Press Association. El dispositivo que unía el aparato con el órgano sexual se soltó y el Capitán Dan intentó repararlo con un pegamento muy fuerte. Blackner dejó secar el pegamento durante veinte segundos, en lugar de los veinte minutos recomendados. Al «conectarse» a la aspiradora antes de entrar en el escenario, el pegamento no se hallaba seco por lo que su pene se adhirió al aparato. Tuvieron que llevar de urgencia al artista enano a un hospital de Edimburgo, en el que su personal logró liberar su órgano sexual después de una hora de esfuerzos.

—Me encontré pegado a una aspiradora, sobre una silla de ruedas —dijo Blackner, quien aseguró—: Fu el momento más molesto de mi vida. Habría querido que se me tragara la tierra.

¿A quién le extraña?